Ich lerne Schwimmen

Dieses Buch hat mir geschenkt: _____

```
┌ ─ ─ ─ ─ ─ ─ ─ ─ ─ ─ ─ ─ ─ ┐
│                           │
│                           │
│                           │
│      Hier kannst du       │
│      ein Foto von dir     │
│       einkleben.          │
│                           │
│                           │
│                           │
│                           │
└ ─ ─ ─ ─ ─ ─ ─ ─ ─ ─ ─ ─ ─ ┘
```

Ich heiße: _____

Mein Geburtstag: _____

Ich wohne: _____

Ich lerne Schwimmen

Barth/Dietze

Sportwissenschaftliche Beratung:
Prof. Dr. paed. habil. Berndt Barth

Meyer & Meyer Verlag

Die Deutsche Bibliothek – CIP Einheitsaufnahme

Barth, Katrin :
Ich lerne schwimmen /
Katrin Barth; Jürgen Dietze
– Aachen : Meyer und Meyer, 2002
(Ich lerne, ich trainiere ...)
ISBN 3-89124-909-8

© 2002 by Meyer & Meyer Verlag, Aachen
Adelaide, Auckland, Budapest, Graz, Johannesburg, Miami,
Olten (CH), Oxford, Singapore, Toronto
Member of the World
Sport Publishers' Association (WSPA)
Druck: Druckerei Vimperk, AG
ISBN 3-89124-909-8
E-Mail: verlag@meyer-meyer-sports.com

............................Der Inhalt

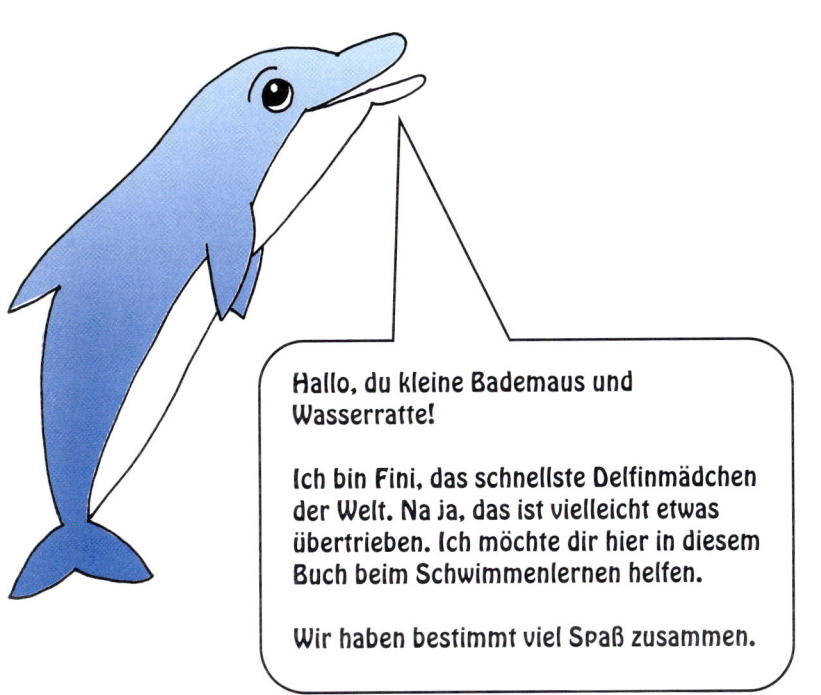

Hallo, du kleine Bademaus und Wasserratte!

Ich bin Fini, das schnellste Delfinmädchen der Welt. Na ja, das ist vielleicht etwas übertrieben. Ich möchte dir hier in diesem Buch beim Schwimmenlernen helfen.

Wir haben bestimmt viel Spaß zusammen.

Hallo, du Knirps!

Ich bin Speedster, der Freund von Fini. Ich bin von der Schwimmjugend und kann schon ganz lange schwimmen. Jetzt werde ich dir zuschauen, wie du dich beim Schwimmenlernen so anstellst.
Vielleicht wird sogar ein Superschwimmer aus dir.

Manche Bilder von Fini wirst du häufig im Buch sehen.

Hier gibt dir Fini einen guten Tipp oder einen wichtigen Ratschlag, damit es noch besser klappt.

Hier stehen Übungen, die du mit Mama, Papa, Oma, Opa oder Geschwistern im Schwimmbad oder im See durchführen kannst.

Hier ist Fini im Häuschen, also daheim. Neben diesem Bild stehen immer solche Übungen, die du auch ohne großes Schwimmbecken ausführen kannst.

Manchmal hat Fini auch eine Aufgabe oder ein Rätsel für dich. Diese findest du bei dem Fragezeichen. Die Antworten stehen hinten im Buch.

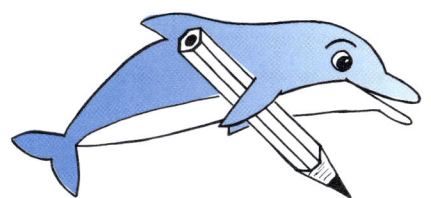

Siehst du Fini mit einem Stift, gibt es immer was zu malen oder schreiben. Wenn du Lust hast, kannst du natürlich auch alle Zeichnungen im Buch farbig ausmalen.

Manche Übungen sind gar nicht so leicht auszuführen und es gehört schon etwas Mut dazu. Herzlichen Glückwunsch und bravo, bravo, wenn du es ausprobiert hast und es dir geglückt ist. Zur Belohnung male Finis Blume aus.

Mein kleines Schwimmtagebuch

Wann ich das Buch bekommen habe: _____

Wann ich das erste Mal

- in der Schwimmhalle war: _____
- im Freibad war: _____
- im Meer war: _____

Mit wem ich am liebsten zum Baden gehe: _____

_____

Mein erster Sprung ins flache Wasser: am _____

Mein erster Sprung ins tiefe Wasser: am _____

Mein erstes Tauchen: am _____

Wo ich das Schwimmen lerne: _____

Wie mein Schwimmlehrer heißt: _____

Wann meine erste Übungsstunde war: _____

Wann ich das erste Mal alleine geschwommen bin: _____

*Seepferdchen*prüfung bestanden am: _____

Wie mir das Schwimmen gefällt:

............................1 AUF EIN WORT

Lieber Schwimmanfänger,

Es gibt große und kleine Kinder, kräftigere und dünnere oder wilde und ruhige. Manche Kinder malen, puzzeln oder basteln gern. Manche toben am liebsten auf dem Spielplatz, klettern auf Bäume und mögen es zu raufen. Der geschickte Ballspieler geht bald zu einem Fußballverein, der gute Sänger zum Chor und der Quatschmacher meldet sich beim Kindertheater an. Jedes Kind hat andere Talente. Das heißt, jedes Kind kann etwas besonders gut und hat besonders viel Spaß daran.

Was machst du am liebsten?

_____

Bist du schon in einer Kindergruppe oder einem Verein angemeldet?

_____

Schwimmen ist am Anfang keine Freizeitbeschäftigung wie Rad fahren, Fußballspielen, Tanzen, Singen oder Tennis. Schwimmen muss jeder können!

Jedes Baby lernt im ersten Jahr das Laufen, denn es kann ja nicht ewig im Kinderwagen herumgeschoben werden. Auch wollen die kleinen Kinder sprechen lernen, um endlich sagen zu können, was sie wollen. Später in der Schule lernen alle Kinder lesen, schreiben und rechnen.

Aber warum muss man schwimmen lernen?

Damit du beim Baden und Spielen im Wasser nicht untergehst. Schwimmen kann dir also das Leben retten. Jedes Jahr ertrinken Kinder und Erwachsene, weil sie gar nicht oder nicht richtig schwimmen können. Du kannst dich vor dieser Gefahr schützen, wenn du rechtzeitig das Schwimmen erlernst und weißt, wie du dich im Wasser verhalten musst.

Wozu ist Schwimmen außerdem noch gut?

Der Aufenthalt im kühleren Wasser härtet deinen Körper ab. Das schützt dich vor Erkältungen. Die Bewegungen im Wasser und das Atmen kräftigen deine Lunge und dein Herz. Du wirst ausdauernder, machst nicht so schnell schlapp und stärkst deine Muskeln. Der Körper ist im Wasser leichter als an Land. Das ist gut für die Wirbelsäule, die Knochen und Gelenke.

Wer zum Schwimmen in die Schwimmhalle oder ins Freibad geht, trifft dort andere Kinder. Beim Schwimmen, Ballspielen, Springen, Tauchen und Rutschen hast du viel Spaß und findest sicher auch neue Freunde.

Wenn du das Schwimmen erlernt hast und es dir viel Freude macht, kannst du weiterüben. Vielleicht gibt es bei euch einen Schwimmverein mit regelmäßigen Übungsstunden. So haben auch die erfolgreichen Schwimmer angefangen, welche jetzt bei großen Wettkämpfen Medaillen gewinnen.

Wir haben dir eine ganze Menge wichtiger und guter Gründe für das Schwimmenlernen aufgeschrieben. Nun geht's los!

Die beste Zeit, um schwimmen zu lernen, ist das Jahr, bevor du in die Schule kommst. Wer das verpasst hat, erhält auf jeden Fall in der Schule Schwimmunterricht. Aber besser ist, du kannst es da schon.

Dieses Buch soll dich beim Schwimmenlernen begleiten. Wir haben dir Interessantes zum Wasser, Tipps und Tricks sowie viele Übungen aufgeschrieben. Wir erklären dir auch, warum manche Vorübungen im Wasser so wichtig sind und was du alles können musst.

Kannst du noch nicht lesen, dann schau dir die Zeichnungen an und lass dir vorlesen. Dies ist aber nicht nur ein Vorlese- und Anschaubuch, sondern du darfst auch mitgestalten. Schreibe deine Daten ein, male die Zeichnungen aus, klebe Fotos ein, löse Rätsel und Aufgaben. Hab einfach viel Freude mit dem Buch und lerne schnell schwimmen.

Viel Spaß dabei wünschen dir

die Autoren

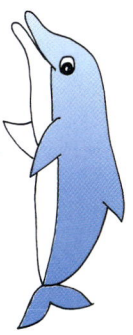

und Fini.

···············2 AUS DER GESCHICHTE DES SCHWIMMENS

Schon immer sind die Menschen gerne zum Baden und Schwimmen gegangen. Herumtollen im Wasser macht Spaß, bringt Abkühlung an heißen Tagen und kräftigt den Körper.

Gern bauten die Menschen ihre Hütten und Häuser in die Nähe von Flüssen, Seen oder dem Meer. So hatte man gute Aussicht, leckeren Fisch zu essen und mit Booten kam man bequem von einem Ort zum anderen. Da es früher auch noch keine Waschmaschine gab, wurde im sauberen Fluss die Wäsche gewaschen und, wie du dir denken kannst, die kleinen Kinder gleich mit.

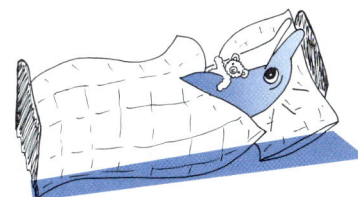

Neulich lag Fini schon im Bett und konnte nicht einschlafen. Sie hatte noch eine wichtige Frage an ihre Mama.

„Sag mal, Mama, von wem hast du eigentlich das Schwimmen gelernt?"
  „Von deinen Großeltern, Fini."
„Und von wem haben es meine Großeltern gelernt?"
  „Von deinen Urgroßeltern."
„Und von wem haben es meine Urgroßeltern gelernt?"
  „Von deinen Ururgroßeltern."
„Und von wem haben es meine Ururgroßeltern gelernt?"
  „Von deinen Urururgroßeltern."
„Und von wem haben es meine Urururgroßeltern gelernt?"
  „Von deinen Ururururgroßeltern."
„Und von wem …"

Wie die Geschichte ausgeht, siehst du auf der nächsten Seite.

O je, Fini ist eingeschlafen!

Besonders für Kinder ist es ein riesiger Spaß, im Wasser zu planschen, zu tollen und zu spritzen. Aber das Wasser kann auch gefährlich sein. Deshalb haben schon zu allen Zeiten und in allen Ländern die Eltern dafür gesorgt, dass ihre Kleinen so bald wie möglich das Schwimmen erlernen. Meistens haben den Schwimmunterricht die Familien selbst übernommen. Später gab es auch Schwimmlehrer.

Schwimmsportarten

Als Schwimmer kannst du gemütlich im Wasser herumschwimmen. Es macht zudem auch großen Spaß, sich mit anderen Schwimmern im Wettkampf zu messen. Aber auch für viele andere Sportarten ist es wichtig, dass du gut schwimmen kannst.

Sportschwimmen

Es gibt verschiedene Wettkämpfe, in denen die Schwimmart und die Länge der Strecke vorher festgelegt werden. Wer ist der schnellste Schwimmer?

Wasserspringen

Die Sportler springen vom Turm oder Sprungbrett aus verschiedenen Höhen. Dabei machen sie Saltos, Schrauben oder andere schöne Figuren.

Synchronschwimmen

Es sieht so aus, als ob die Sportlerinnen zur Musik im Wasser tanzen. Alleine, zu zweit oder als Gruppe werden schöne Figuren gezeigt. Wie Balletttänzerinnen bewegen sie sich im Wasser.

Wasserball

Das Schwimmbecken ist in ein Spielfeld mit zwei Toren eingeteilt. Die Spieler der beiden Mannschaften bewegen sich durch Schwimmen im Wasser und versuchen, mit dem Ball Tore zu werfen.

Viele Kinder, Jugendliche und Erwachsene trainieren in Sportvereinen, um immer besser in ihrer Sportart zu werden. Gibt es in deiner Schwimmhalle auch Trainingsgruppen für diese Sportarten?

Surfen, Segeln, Rudern, Paddeln

Diese Sportler sind mit einem Surfbrett oder einem Boot unterwegs. Aber wie schnell kann es ihnen passieren, dass sie durch eine Welle oder eine ungeschickte Bewegung über Bord gehen! Alle Wassersportler sollten auch sehr gute Schwimmer sein.

Wenn Nichtschwimmer in ein Boot steigen, müssen sie unbedingt eine Rettungsweste anlegen.

Übungsstunden in der Vergangenheit und heute

Wer sich mit anderen Sportlern im Wettkampf misst, will natürlich auch gut sein. So gab es schon immer Schwimmlehrer und Trainer, die mit den Sportlern fleißig geübt haben.

Vor über 100 Jahren dachten eifrige Schwimmlehrer, dass die beste Methode zum Schwimmenlernen darin besteht, mit Trockenübungen zu beginnen.

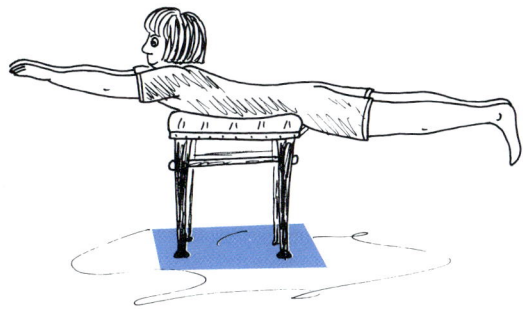

Bevor die Schwimmanfänger im Wasser üben durften, mussten sie die Arm- und Beinbewegungen an Land üben und perfekt beherrschen. Viele Übungen wurden auf einem Bock oder Hocker ausgeführt.

Sogar recht merkwürdige Apparate haben die Schwimmlehrer entwickelt und gebaut. Sie dachten, so kann man am besten die richtige Schwimmbewegung lernen.

In der heutigen Zeit werden diese so genannten *Trockenübungen* kaum noch gemacht. Manchmal zeigt der Schwimmlehrer am Beckenrand, wie die Arm- oder Beinbewegung ausgeführt wird und lässt es sich von den Kindern zeigen. Aber geübt wird im Wasser. Nur dort finden wir die richtigen Bedingungen für das Schwimmen.

 **Schwimmen lernt man nur durch Schwimmen!**

·················3 HALLO, NADINE!

He, du, warte mal bitte! Ich bin Fini und will Kindern beim Schwimmenlernen helfen.

Hallo Fini, ich bin Nadine. Aber mir brauchst du nicht mehr helfen.

Das habe ich gesehen. Du hast ja schon das „Seepferdchen" auf deiner Badehose. Darf ich dir mal ein paar Fragen stellen und für mein Schwimmbuch ein Interview machen?

Ja, okay! Andere Kinder wollen bestimmt auch schwimmen lernen und vielleicht in einen Schwimmkurs gehen.

Du schwimmst ja schon richtig schnell, springst ohne Angst ins tiefe Wasser und kannst sogar tauchen. Dabei gehst du noch nicht einmal in die Schule.

Das habe ich alles mit meinen Freunden im Schwimmkurs gelernt. Nun habe ich das *Seepferdchen* bestanden und darf mit Mama ins große Schwimmbecken.

Das klingt so einfach. War es denn nicht schwierig für dich?

Ja, schon etwas. Ich hatte manchmal Angst, dass ich Wasser in die Augen bekomme oder untergehe.

Und warum bist du jetzt eine so mutige Schwimmerin?

Unsere Schwimmlehrer haben mir gezeigt, wie das Wasser den Menschen tragen kann, wie der Körper im Wasser gleitet und wie ich beim Schwimmen atmen muss, damit ich mich nicht verschlucke. Dann musste ich viel üben.

Hat es dir denn immer Spaß gemacht?

Meistens, doch nicht immer. Beim ersten Sprung ins tiefe Wasser hat mein Schwimmlehrer viel Geduld mit mir gehabt. Ich habe so viel Wasser in den Mund und die Nase bekommen, dass ich immer nur husten musste. Da habe ich geweint und wollte sofort aufhören mit der dummen Schwimmerei.

Und, hast du?

Nein, Mama sagte immer zu mir: „Du schaffst es!" Und jetzt habe ich mein *Seepferdchen*. Der Schwimmlehrer hat mich getröstet und Mama war bei der Schwimmprüfung dabei.

Mit ihr habe ich sogar Atemübungen zu Hause in der Badewanne gemacht.

Was hast du nun noch vor?

Ich will weiterhin üben, damit ich noch sicherer werde. Dann kann ich beim Schwimmen zeigen, dass ich besser bin als mein Bruder Patrick. Im nächsten Schwimmkurs lerne ich dann das Rückenschwimmen. Das macht bestimmt viel Spaß.

Na, Nadine, da hast du ja noch jede Menge vor. Ich wünsche dir weiterhin viel Freude. Bis bald und vielen Dank für das Interview.

...............4 FIT UND GESUND

Die meisten Menschen, die Sport treiben, wollen dabei Spaß und Erfolg haben. Ein wichtiges Ziel beim Sport besteht aber auch darin, seinen Körper gesund und fit zu halten.

Richtiges Essen will gelernt sein

Wenn du Sport treibst, verbrauchst du mehr Energien als ein Stubenhocker. Deshalb schmeckt es dir nach den Schwimmstunden am besten – weil du Hunger hast!

Fast alle Kinder essen gerne Schokoladenriegel, Chips, Pommes und Pizza. Das ist nun nicht gerade die beste Sportlermahlzeit, vor allem, wenn man diese Sachen in zu großen Mengen und zu oft isst. In solchen Nahrungsmitteln ist zu viel Fett enthalten.

Die Schwimmstunde war toll! Aber jetzt habe ich Hunger!

Die bessere Mahlzeit nach den Schwimmstunden ist Vollkornbrot mit Käse, Obst und Joghurt. Es gibt eine Menge Nahrungsmittel, die gesund sind und auch schmecken. Versuche, dich abwechslungsreich und maßvoll zu ernähren.

Wer schwitzt, muss regelmäßig trinken

Ob du es glaubst oder nicht, auch der Schwimmer schwitzt. Beim Schwimmen verlierst du viel Flüssigkeit, die du dem Körper durch ausreichendes Trinken wieder zugeben musst. Die besten Durstlöscher sind Mineralwasser, Fruchtsaftmischungen (also Fruchtsaft mit Wasser verdünnt) oder Tee (auch mit Honig gesüßt).

Reine Säfte, Limo oder Cola, sind als Flüssigkeitsersatz nicht geeignet. Sie enthalten viel zu viel Zucker.

Wenn du durstig bist und trinkst, dann achte darauf, dass du nicht zu hastig trinkst. Besser sind öfter kleine Schlucke.

Pass auf, dass du dir nicht den Magen voll pumpst und du dich dann kaum noch bewegen kannst. Wenn du vor den Schwimmstunden zu viel trinkst, hängst du im Wasser wie ein nasser Sack.

 **Nimm keine Glasflaschen mit in die Schwimmhalle oder das Freibad. Sie gehen schnell kaputt. Andere Schwimmbadbesucher laufen barfuß und können sich schlimm an den Scherben schneiden.**

Gesund und munter

Kinder sollen sich an der frischen Luft bewegen. Sie sollen sausen, toben und klettern. Das hält gesund und fit. Dazu gehört natürlich auch der Besuch im Schwimmbad. Bist du aber nicht so ganz gesund, dann fragt den Arzt. Er wird dir und der Mama genau erklären, was beim Schwimmbadbesuch zu beachten ist.

 **Ein erfolgreicher Tag beginnt mit einem guten Start am Morgen!**

Einige Tipps von Fini!

- Gehe rechtzeitig ins Bett und schlafe ausreichend!
- Freue dich auf den neuen Tag.
- Recke und strecke dich nach dem Aufstehen. Wie wäre es mit etwas Morgengymnastik?
- Nach dem Waschen ist eine kalte Dusche ideal. Das erfrischt und härtet ab.
- Zu einem guten und gesunden Frühstück gehören Vollkornbrot, Müsli, Cornflakes, Milch, Joghurt und Obst.
- Nach dem Essen Zähneputzen nicht vergessen!

Speedster und Fini machen
einen Angelausflug

·············· 5 WAS ICH MIT IN DIE SCHWIMMHALLE NEHME

Zum Schwimmen brauchst du nicht viel und das Allerwichtigste musst du bestimmt nicht einmal extra kaufen. Schwimmkleidung, Badeschuhe, Handtuch und Duschbad – schon kann es losgehen!

> Hallo, Fini, aufwachen! Ich möchte meine Schwimmtasche packen.

Schwimmkleidung

Alle Badegäste in der Schwimmhalle oder im Freibad tragen eine Bade-hose oder einen Badeanzug. Diese Kleidung sollte gut passen und beim Baden und Schwimmen nicht stören. Oft ist die Schwimmkleidung aus einem besonderen Stoff, der sich nicht so sehr voll Wasser saugt. Nasse Schlabberkleidung ist viel zu schwer und behindert dich beim Bewegen.

Vor vielen Jahren waren auch andere Badesachen supermodern. Kannst du dir vorstellen, so wie diese beiden Kinder ins Wasser zu gehen?

Badekappe

In manchen Bädern musst du eine Badekappe tragen. Das ist vorgeschrieben, damit keine ausfallenden Haare im Wasser herumschwimmen und den Ablauf verstopfen. Es gibt auch Schwimmlehrer, in deren Gruppen die Kinder Badekappen in der gleichen Farbe tragen. So wissen sie genau, wer dazugehört. Steht dann noch der Name darauf, erkennen sie die Kinder leichter.

Badeschuhe

In den Umkleidekabinen ziehen alle Badegäste die Straßenschuhe aus, damit kein Schmutz in das Schwimmbad getragen wird. Mit Badeschuhen rutschst du auf dem nassen Fliesenboden nicht so leicht aus. Außerdem schützen sie deine Füße vor Pilz- und Infektionskrankheiten.

Schwimmbrille

Einige Schwimmer tragen eine Schwimmbrille, um ihre Augen vor dem gechlorten Wasser zu schützen.

Was du sonst noch brauchst

Selbstverständlich geht es vor und nach dem Schwimmen unter die Dusche.

Stell dir vor, da kommt so ein Schmutzfink mit dir zusammen ins Schwimmbecken. Wie ekelig ...!

Nach dem Schwimmen musst du dir das gechlorte Wasser gründlich abwaschen. Im Becken schützt das Chlor vor Krankheiten, aber danach würde es der Haut schaden.

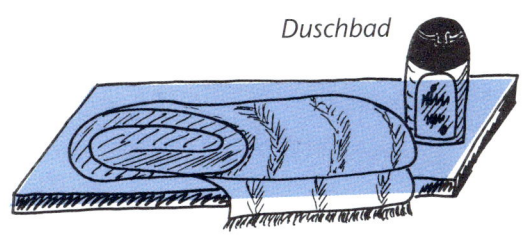

Duschbad

Handtuch

Eine Mütze ist wichtig an kalten Tagen, damit du dich auf dem Weg nach Hause nicht erkältest. Packe auch etwas zu essen mit ein, weil du nach dem Schwimmen immer mächtigen Hunger hast.

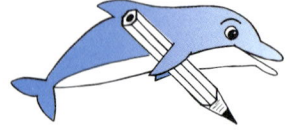

Hier ist etwas zum Ausmalen.

Hi, Speedster!
Kommst du mit zum
Schwimmen?

Klar, Fini!
Du hast dich aber
heute rausgeputzt!

6 DAS WASSER

Woran denkst du bei
dem Wort **Wasser**?

Zeichne es, schreibe es auf oder
lass es dir aufschreiben.

Was uns bei *Wasser* eingefallen ist, findest du auf der Auflösungsseite (s. S. 119 f.). Hattest du die gleichen Ideen? Haben wir etwas Wichtiges vergessen?

*Welche Worte fangen mit **Wasser** an? Die Bilder helfen dir.*
Fällt dir noch mehr ein, dann schreibe oder zeichne es.

Oh, schön warm!

Wie Wasser sein kann

Wasser kann weich und angenehm warm sein.

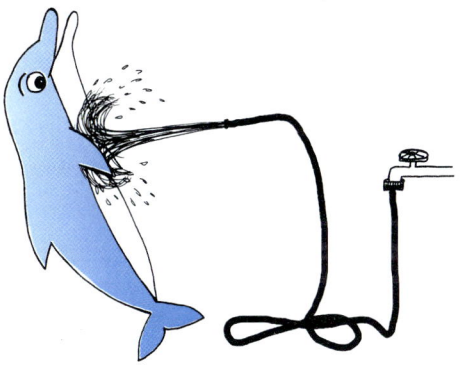

Es ist nass und manchmal auch ziemlich kalt.

Wasser hat Kraft, kann auch hart und gefährlich sein.

Meerwasser ist salzig. Bei Sturm gibt es Wellen oder auch Strömungen, die der Schwimmer beachten muss.

Wer schwimmen lernen will, muss sich mit Wasser auskennen

Daheim kannst du einige Versuche mit Wasser durchführen.

In der Badewanne

Du liegst in der Badewanne und schaukelst leicht hin und her. Das Wasser fängt an, sich mit dir zu bewegen und bald schaukelt der Körper, ohne dass man etwas tut. Vorsicht, nicht über den Wannenrand matschen!

Waschbecken

Fülle ein Waschbecken mit Wasser und lege einen kleinen Ball hinein. Zieh nun den Stöpsel. Was kannst du beobachten?

Das Wasser trägt dich

So leicht, wie Fini sich das denkt, geht es natürlich nicht. Doch ist dir schon aufgefallen, dass alle Bewegungen im Wasser etwas anders sind als draußen?

 Lass dich im Becken umfallen und fühle, wie das Wasser dich auffängt. Im Wohnzimmer würdest du hart auf dem Teppich aufschlagen.

 Versuche, im Wasser schnell zu laufen, und du spürst, wie das Wasser deine Bewegungen bremst.

 Bestimmt hat Mama schon geklagt, wie schwer du geworden bist und dass sie dich kaum noch tragen kann. Im Wasser bist du leicht wie eine Feder und Mama hält dich mit einer Hand.

 **Damit ein Gegenstand auf dem Wasser schwimmt, muss er bestimmte Eigenschaften haben. Ganz leichte Dinge, wie die Schwimmnudel, ein Schwimmbrettchen oder ein Flaschenkorken bleiben oben. Auch ein mit Luft gefüllter Ball oder eine leere Plastikflasche bleiben auf der Wasseroberfläche.**

Hier ein Experiment mit einem Papierschiffchen. Probier es aus!

Ist das Schiffchen trocken und leer, dann schwimmt es lustig auf dem Wasser.

Wird das kleine Schiffchen aber nass gespritzt oder das Papier saugt sich voll Wasser, dann sinkt es tiefer und droht unterzugehen.

Ein patschnasses Papierschiffchen, das voll Wasser läuft, ist zu schwer zum Schwimmen und sinkt zu Boden.

Du musst dir vorstellen, du verhältst dich im Wasser wie ein halbnasses Papierschiffchen. Du gehst nicht ganz unter, aber du bleibst auch nicht an der Wasseroberfläche. Um oben zu bleiben, musst du dich etwas bewegen, dann hilft dir das Wasser dabei.

Diese Übung kannst du in der Schwimmhalle ausführen. Merkst du, wie leicht dein Körper im Wasser ist? Wenn du dazu noch einatmest, füllt sich dein Brustkorb mit Luft und es geht noch leichter.

Setze dich auf die Stufen zum Schwimmbecken. Der Körper ist unter Wasser bis zum Kinn.

Nun versuche, dich durch leichte Bewegungen auszustrecken.

Auf der Zeichnung kannst du die Hockschwebe sehen. Diese Übung ist ziemlich schwer und es gehört auch viel Mut dazu. Willst du es einmal probieren? Hole tief Luft und lass dich wie ein Päckchen treiben.

Spielen im Wasser

Damit du Spaß am Schwimmen hast, musst du dich im Wasser wohl fühlen. So, wie Fini, die am liebsten den ganzen Tag im Wasser herumplanscht. Hier findest du einige Wasserspiele für das flache Wasser.

- Spielt Fangen oder Haschen.
- Habt ihr einen Ball dabei, dann werft ihn euch gegenseitig zu.
- Lustig ist auch, sich gegenseitig voll zu spritzen. Wer aufgibt, hat verloren!

Krokodil

Spiele *Krokodil*. Stütze dich im flachen Wasser nur mit den Händen ab und lass die Beine schweben. Nun laufe auf den Händen und fange die anderen.

Ich bin das Krokodil und fange alle Wasserschnecken.

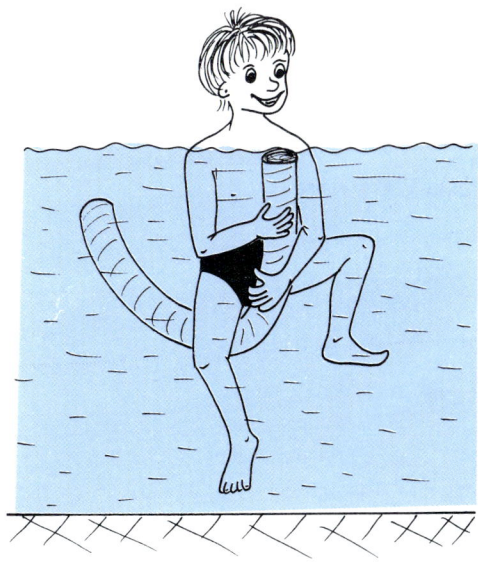

Probiere aus, was du alles mit der Schwimmnudel machen kannst. Der Junge auf dem Bild versucht, darauf zu reiten.

Schwimmhilfen

Es gibt viele Schwimmhilfen zum Baden und Schwimmenlernen zu kaufen. Bestimmt hast du auch schon die eine oder andere geschenkt bekommen. Sie helfen, damit du beim Schwimmenlernen über Wasser bleibst.

Wir haben dir hier einige Geräte aufgezeichnet, die du beim Spielen im Wasser zur Wassergewöhnung und beim Schwimmenlernen verwenden kannst.

Am Ende musst du aber ohne Hilfe schwimmen können. Teste also immer, wie sich das anfühlt.

Male die Dinge aus, die du schon kennst!

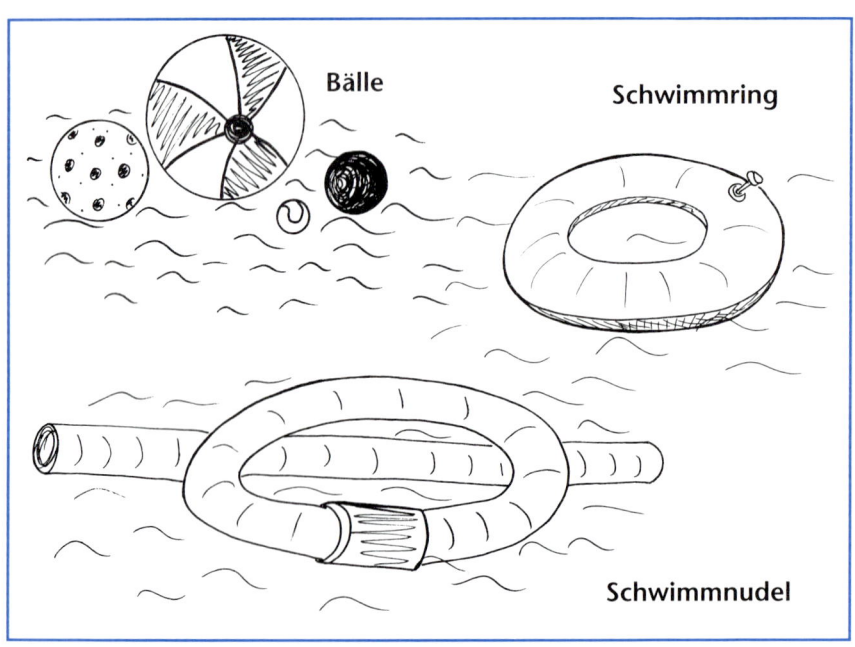

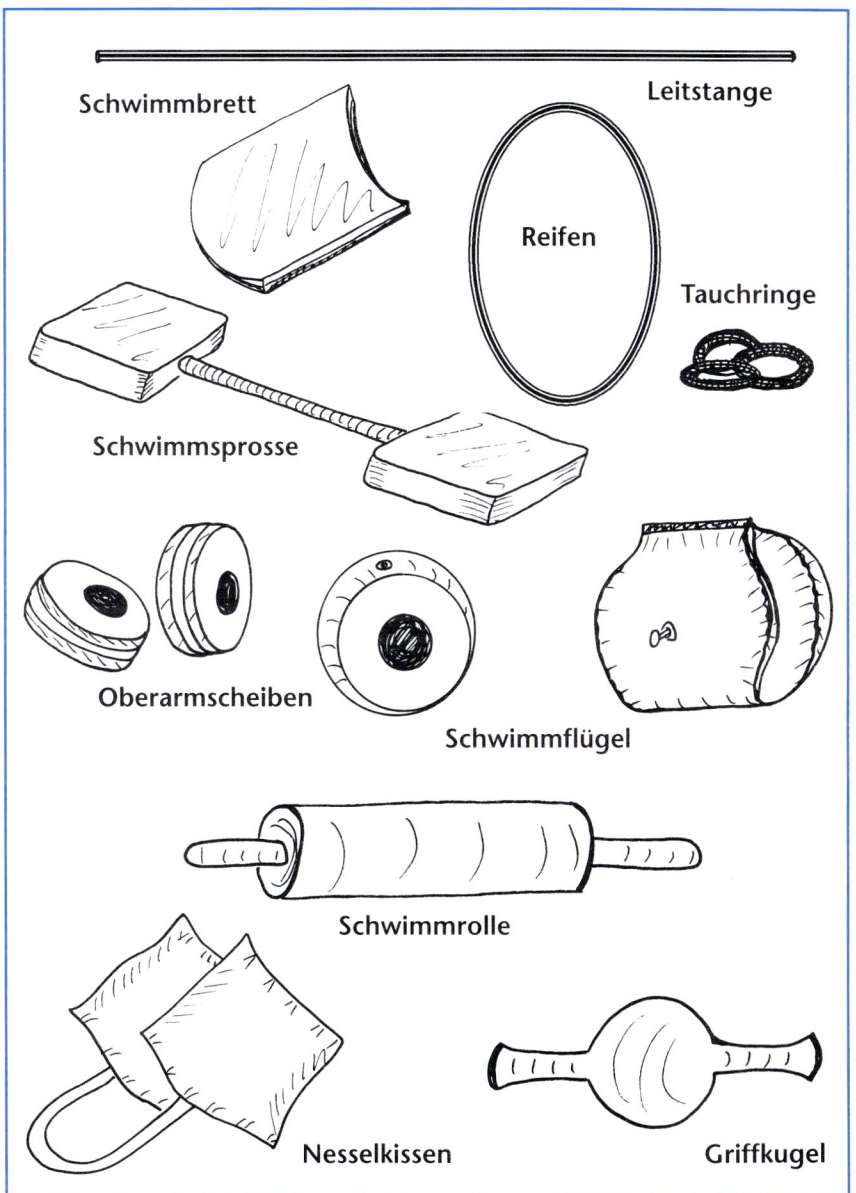

Schwimmbrett

Leitstange

Reifen

Tauchringe

Schwimmsprosse

Oberarmscheiben

Schwimmflügel

Schwimmrolle

Nesselkissen

Griffkugel

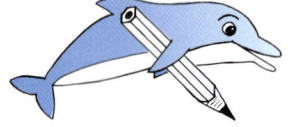

Was haben wir vergessen? Zeichne es noch dazu.
Welche Schwimmhilfe nimmst du am liebsten
mit ins Wasser?

Schwimmhilfen bieten keine Sicherheit vor dem Ertrinken! Gehe als Nichtschwimmer trotz Schwimmhilfe niemals allein ins tiefe Wasser.

........7 WANN WIR DAS SCHWIMMEN ERLERNEN

Auf den Bildern siehst du, was Fini gerne im und am Wasser macht.

Schwimmen und Ballspielen

Springen und Tauchen

Boot fahren

Angeln

Im Winter auf dem ge-frorenen See Eis laufen

Gefällt dir das auch?
Was machst du gerne am und im Wasser?

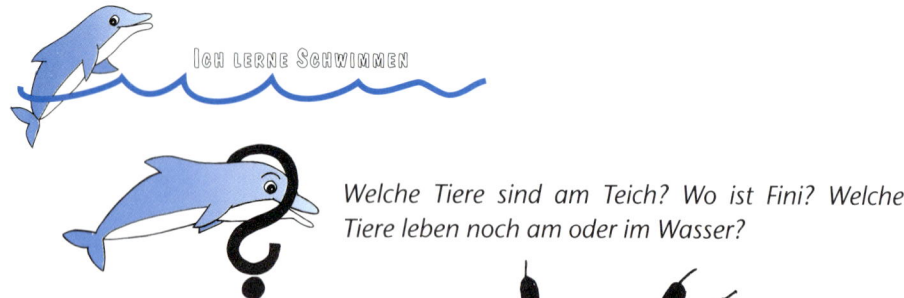

Welche Tiere sind am Teich? Wo ist Fini? Welche Tiere leben noch am oder im Wasser?

Die Fische, die Frösche, die Enten und viele andere Tiere leben im und am Wasser. Fini natürlich auch. Sie finden dort ihre Nahrung und legen ihre Eier. Das Wasser ist ihr Lebensraum. Deshalb können sie so gut schwimmen, tauchen und zum Teil sogar im Wasser atmen. An Land ohne Wasser wären sie ganz unglücklich. Darum können die Jungen dieser Tiere, wie die kleinen Fische, die Entenküken und die Fröschlein, von Anfang an schwimmen. Sie werden gleich im oder am Wasser geboren und schwimmen sofort los.

Wie du bestimmt auch, lieben fast alle Menschen das Wasser. Viele Familien fahren im Urlaub an einen See oder an das Meer.

Aber eigentlich gehört der Mensch ans Land. Die meisten Babys mögen das Wasser, aber schwimmen können sie nicht. Das lernen die Kinder erst später.

Babyschimmen und Wassergewöhnung

Bist du auch ein Badewannensuperplan-
scher? Hat deine Mama Mühe, dich
aus dem Badewasser zu bekommen? Viele Kinder mögen
es, im warmen Wasser zu
planschen, zu spielen, zu
tauchen und zu blubbern.

Wenn die Mamas, Papas oder Omas Zeit haben, gehen sie mit ihren Babys oder kleinen Kindern in die Schwimmhalle zum Babyschwimmen. Das
ist natürlich noch kein richtiges Schwimmen, aber sie haben viel Spaß im
Wasser. Am Anfang ist es den Kleinen noch recht unheimlich in einem so
großen Schwimmbecken, doch bald haben sie Freude an den Übungen.

Die Gewöhnung an das Wasser ist sehr wichtig für das spätere
Schwimmenlernen. In manchen Orten gibt es aber keine schöne
Schwimmhalle für Kinder, oder die Eltern müssen zur Arbeit und haben
nicht so viel Zeit. Dann kannst du Einiges in der Badewanne ausprobie-
ren. Für die Übungen auf den nächsten Seiten musst du auch nicht unbedingt ein Baby sein. Diese Übungen kannst du später, vielleicht im Freibad oder im Urlaub machen.

Eine Seefahrt,
die ist lustig!

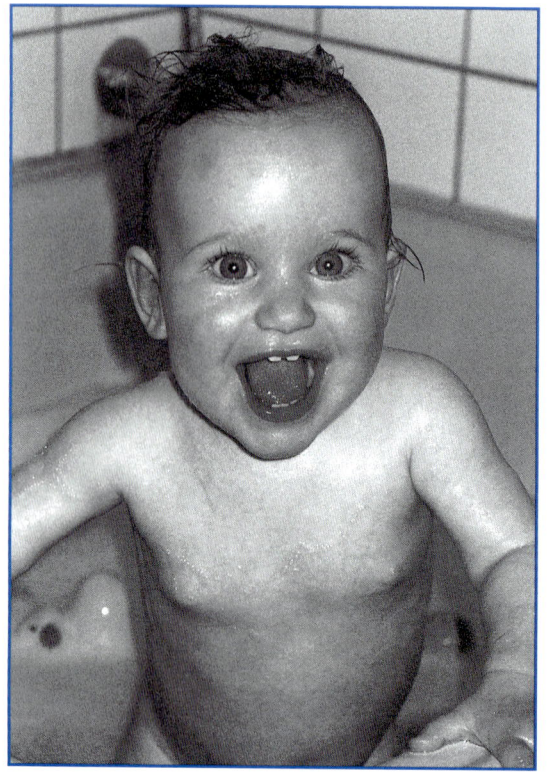

Auch wenn die Kinder noch nicht schwimmen, spielen sie gerne mit Wasser.

Kennst du das Spielzeug? Male dein Lieblingsspielzeug dazu.

Die ersten Begegnungen
mit dem großen Wasser

Kannst du dich noch erinnern, als du das erste Mal in der Schwimmhalle, im Freibad, im Badesee oder sogar im Meer warst? So viel Wasser! Es ist nass, spritzt und macht Wellen. Hattest du Angst vor dem Wasser oder bist du gleich hineingestürmt? Wie du ja schon weißt, ist das Wasser nicht der Lebensraum des Menschen. Du musst dich daher langsam daran gewöhnen. Aber dann hast du gewiss viel Spaß.

Beim *Babyschwimmen* lernen die kleinen Kinder noch nicht das richtige Schwimmen. Sie haben Freude am Strampeln, lernen jedoch noch keine Armbewegung für das Brustschwimmen und auch noch keinen Beinschlag. In den Babyschwimmkursen sollen die Kleinen an das Wasser gewöhnt werden, sich wohl fühlen und die Angst verlieren.

Wann warst du das erste Mal in einem großen Wasser?
Hast du ein Foto davon?
Klebe es hier ein.

Die Großen helfen

Es gibt viele Möglichkeiten des Haltens. Wenn dich ein Großer im Wasser hält, musst du dich sicher fühlen und darfst keine Angst haben. Wählt aus, was euch Freude macht und Sicherheit gibt. Wenn du dich nicht die ganze Zeit wie ein kleines Äffchen an der Mama anklammerst, kannst du auch die Arme und Beine bewegen. Das macht Spaß!

Am schönsten ist es, sich im Wasser ganz fest anzukuscheln und tragen zu lassen.

Der Große hat die Hand unter dem Bauch und hält das Kind gut fest. Schön, wenn man so frei mit Armen und Beinen herumplanschen kann.

Der Große hält unter den Armen an den Schultern fest. Das geht in Bauchlage und auch in Rückenlage.

Das ist lustig!

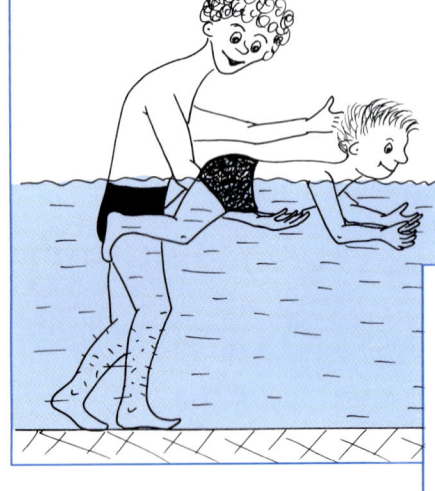

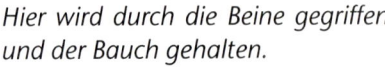
Hier wird durch die Beine gegriffen und der Bauch gehalten.

Das Kind wird nur noch an den Hüften gehalten.

Nun könnt ihr zusammen im Wasser hüpfen, schaukeln und drehen. Singt lustige Kinderlieder dazu und patscht mit den Händen auf das Wasser. Hast du Angst vorm Spritzen? Wie wäre es, wenn ihr einen Becher voll Wasser über dem Kopf ausgießt?

Zu den Schwimmhilfen, die wir schon erklärt haben, kannst du verschiedenstes Spielzeug mit ins Badewannen- oder Schwimmhallenwasser nehmen. Es sollte aus Plastik oder Gummi sein. Deine Eltern wissen sicher, was sich eignet und was besser nicht nass werden sollte.

Schau dir das Bild gut an. Welches Spielzeug solltest du lieber nicht mit ins Wasser nehmen?

Einige Tipps von Fini:

- Wenn die Mama nicht ganz sicher ist, ob das Spielen im Wasser gut für dich ist, dann fragt den Kinderarzt.

- Für gesunde Kinder ist Wasser ein riesiger Spaß. Bewegung im Wasser ist gesund und macht stark.

- Für kleine Kinder muss das Wasser schön warm sein, denn sie frieren leichter als die Großen.

- Kinder, die noch nicht schwimmen können, dürfen nie alleine ins tiefere Wasser. Vorsicht am Beckenrand, du kannst leicht ausrutschen und hineinfallen.

- Sei nicht übermütig und probiere nicht zu viele Kunststückchen auf einmal aus. Du sollst ja keine Angst vor dem Wasser bekommen.

Wann ist die richtige Zeit zum Schwimmenlernen?

Alle Eltern wünschen sich, dass ihre Kinder bald schwimmen können. Dann brauchen sie nicht solche große Angst um sie zu haben, wenn sie in der Nähe von Gartenteichen, Swimmingpools oder am Strand sind.

Babys können im Wasser planschen und manchmal sogar tauchen. Aber schwimmen können sie noch nicht. Dafür sind die Ärmchen und Beinchen zu schwach, die gleichzeitige Bewegung noch zu kompliziert und der Kopf viel zu groß und zu schwer.

Wir denken, die beste Zeit zum eigentlichen Schwimmenlernen ist vor der Einschulung mit etwa fünf Jahren. Es gibt natürlich Kinder, die schon eher anfangen. Es gibt aber auch Kinder, die das Schwimmen später lernen. In der Schule gibt es dafür den Schwimmunterricht. Zu spät ist es nie. Manche Männer und Frauen hatten als Kind keine Zeit oder auch keine Möglichkeit. Toll, wenn sie es später noch lernen! Für alle gibt es Schwimmlehrer und Schwimmkurse.

Der Ablauf ist immer der Gleiche:

- **Durch Spielen und Spaß an das Wasser gewöhnen.**
- **Erlernen der Grundfertigkeiten.**
- **Erlernen der Schwimmtechnik.**

Erstes Ziel des Schwimmlernens ist das Zeugnis für Frühschwimmer, das *Seepferdchen*.

Du musst zeigen, dass du ins tiefe Wasser springen, 25 m schwimmen und aus dem schultertiefen Wasser einen Gegenstand heraufholen kannst. Außerdem muss jeder Frühschwimmer die Baderegeln kennen.

···········8 DIE GRUNDFERTIGKEITEN

Bevor du als Schwimmanfänger mit den eigentlichen Schwimmbewegungen beginnst, musst du erst einmal etwas anderes können. Der Schwimmlehrer nennt das *Grundfertigkeiten*. Diese Grundfertigkeiten brauchst du, um dich im Wasser sicher zu fühlen und um für die Schwimmbewegungen gut vorbereitet zu sein.

Was kannst du schon? Kreuze es an.

- ❑ Beim Tauchen im Wasser die Augen öffnen.
- ❑ Ins flache Wasser springen.
- ❑ Ins tiefe Wasser springen.
- ❑ Alleine wieder auftauchen.
- ❑ Mit dem Gesicht ins Wasser tauchen und ausblubbern.
- ❑ *Toter Mann* spielen.
- ❑ Dich durchs Wasser ziehen lassen.
- ❑ Im Wasser spazieren gehen.
- ❑ Mit Schwimmflügeln oder Schwimmring im tiefen Wasser sein.

Hast du schon viele Kreuze machen können? Wenn nicht, ist es auch nicht so schlimm. Du willst ja erst anfangen. Auf den nächsten Seiten sagen wir dir, was zu den Grundfertigkeiten gehört und zeigen dir, wie du üben kannst.

Viel Spaß dabei!

Zur Wassersicherheit gehören:

Atmen

Tauchen

Springen

Zur Schwimmfähigkeit brauchst du noch:

Gleiten

Fortbewegen

 *Wir haben dir hier eine ganze Menge Übungen auf-gezeichnet und beschrieben. Diese kannst du zum Teil alleine, mit anderen Kindern oder Erwachsenen üben. Hast du etwas gut geschafft, dann male Finis Blume aus.*

Tauchen

Warum musst du im Wasser
tauchen können?

Manchmal passiert es,
dass im Meer eine
große Welle dir ins Ge-
sicht spritzt. Oder in der
Schwimmhalle springt dir
ein Kind auf den Kopf.
Wer nicht tauchen
kann, bekommt einen
riesigen Schreck und große Angst. Du musst husten und reibst dir die Augen. Wenn du das Tauchen geübt hast, dann weißt du, dass ein bisschen
Wasser im Gesicht nicht so schlimm ist. Du hast dann auch schon erlebt,
dass der Mensch kurze Zeit unter Wasser bleiben und da sogar etwas sehen kann.

Egal, wie du für das *Seepferdchen* ins Wasser springst, bei jedem
Sprung ins Wasser gehst du durch dein Gewicht erst einmal unter. Du
tauchst also automatisch.

Manche Menschen fühlen sich im Wasser pudelwohl. Sie könnten
planschen, springen und tauchen den ganzen Tag. Doch manchen Menschen ist es ziemlich unangenehm, nass gespritzt zu werden oder sogar
mit dem Kopf unter Wasser zu kommen.

Wie ist das bei dir?

Gleichgültig, ob du nun ein etwas ängstliches Kind oder ein Badewan-
nensupertaucher bist, wer gut und sicher schwimmen will, darf keine
Angst vor dem Tauchen haben.

 **Zum Tauchen gehört das furchtlose Untertau-
chen und das Orientieren mit offenen Augen.**

Hier folgen einige Tauchübungen für das **flache Wasser**.

Spritze dir selbst ganz viel Wasser ins Gesicht. Öffne dabei die Augen.

Lass dir einen Reifen unter Wasser halten. Nun tauche mit geöffneten Augen ab und steige durch den Reifen.

Lege die Schwimmnudel, ein Schwimmbrett oder etwas Ähnliches auf das Wasser und tauche mit geöffneten Augen darunter hindurch.

Wirf einen Tauchring oder ein anderes Teil, das untergeht, ins Wasser. Nun hole es wieder hoch. Augen auf, sonst siehst du ja nichts!

Mit anderen kannst du spielen:
- Wer holt den Ring zuerst?
- Wer sammelt die meisten Ringe auf?

Nun einige Übungen für das **tiefe Wasser**. Denke daran, niemals alleine üben!

Halte dich am Beckenrand fest, atme über Wasser tief durch den Mund ein und tauche langsam unter. Wenn du ausatmest, kannst du die Luftblasen sehen. Nun zieh dich wieder hoch.

Traust du dich nicht gleich, mit dem ganzen Kopf unterzutauchen, dann versuche es stückchenweise: erst bis zum Mund, dann zur Nase, dann die Augen und dann der gesamte Kopf.
Wer schafft es nun am längsten?

Lass dich ganz gerade nach unten sinken. Wenn du mit den Füßen den Beckenboden berührst, dann stoße dich wieder kräftig nach oben ab.

Tauche niemals einen anderen gegen seinen Willen unter Wasser!

Springen

Warum musst du ins Wasser springen können?

Wenn du ins Wasser springst und dann wieder auftauchst, zeigst du, dass du keine Angst vor dem Wasser hast. Falls du dann vielleicht einmal plötzlich ins Wasser fällst, ist der Schreck nur halb so groß. Du tauchst wieder auf und kannst über die ganze Sache lachen. Außerdem ist bei den meisten Schwimmwettkämpfen der Sprung ins Wasser der Beginn des Wettschwimmens.

 **Zum Springen gehört der mutige Absprung von einer erhöhten Absprungstelle und das sichere Auftauchen.**

Diese beiden Übungen machst du im **flachen Wasser**, wo du gut stehen kannst.

Springe vom Beckenrand aus in einen Reifen hinein.

Springe vom Beckenrand aus über einen kleinen Ball.

Im **tiefen Wasser** wirst du beim Eintauchen zunächst untergehen. Das ist klar, denn du bist ja schwer und mit Schwung eingetaucht. Aber, wie du schon weißt, hilft dir das Wasser beim Aufsteigen. Du machst ein paar Bewegungen mit Armen und Beinen und tauchst wieder auf. Also, nur Mut! Außerdem ist ja immer jemand bei dir, der aufpasst und dich im Notfall hochzieht.

Diese Sprungübungen sind für das **tiefe Wasser**.

Springe gut ab, damit du die Leitstange greifst. Im Wasser kannst du dich daran festhalten. Vorsicht, nicht zur Wand springen!

Beuge die Knie, hole Schwung mit den Armen und springe ganz hoch ab. Du kannst gestreckt und gerade eintauchen. Willst du die anderen necken, dann hocke die Beine an. Das spritzt besonders schön.

Bist du noch etwas ängstlich, dann hilft eine Leitstange, die dir ins Wasser gehalten wird.
  So kannst du dich nach dem Auftauchen gleich festhalten.

*Zum **Kopfsprung** gehört schon recht viel Mut!*

Versuche es deshalb erst einmal im Sitzen. Die Hände zeigen zum Wasser und der Kopf ist zwischen den Armen. Die Füße stellst du auf die Überlaufrinne oder stemmst sie gegen die Beckenwand. Nun lass dich nach vorn fallen und stoße dich mit den Füßen kräftig ab.

Als Nächstes probierst du es aus dem Kniestand!

Nun kannst du dich an den Kopfsprung wagen. Der ist später als Startsprung sehr wichtig.

Springe als Nichtschwimmer niemals alleine ins tiefe Wasser.

Atmen

Warum musst du im Wasser anders atmen?

Das war bestimmt eine deiner ersten Entdeckungen im Wasser. Du hast Wasser geschluckt, weil du im Wasser einatmen wolltest. Atmen ohne Wasserschlucken ist gar nicht so schwer. Du musst es nur üben. Dann geht es fast automatisch und du kannst beim Schwimmen genauer auf die Arme und Beine achten.

Was passiert, wenn du unter Wasser Luft holen willst? Genau, du schluckst Wasser. Damit das nicht passiert, musst du das richtige Atmen üben.

Zum Atmen gehört:
- **Das kräftige Einatmen über Wasser durch den Mund.**
- **Das bewusste Ausatmen ins Wasser durch Mund und Nase.**
- **Das regelmäßige Ein- und Ausatmen beim Fortbewegen.**

Hier sind einige Übungen, die du im Wasser ausführen kannst. Diese Atemübungen klappen auch gut in der Badewanne.

Lass eine Quietscheente auf dem Wasser schwimmen. Nun versuche, durch Pusten die kleine Ente zum Beckenrand zu treiben.

Atme tief ein und ins Wasser aus. Schau, wie die Luftblasen aufsteigen. Versuche, ganz lange zu blubbern. Wie lange schaffst du es?

Haltet euch an den Händen fest. Nun atme tief ein, tauche unter Wasser und atme aus. Kannst du die Luftblasen aufsteigen sehen?

Halte dich an einem Schwimmbrett fest und paddle mit den Beinen. Zum Einatmen drehst du den Kopf zur Seite und ausgeatmet wird nach unten ins Wasser. Wie weit kommst du mit dieser Technik?

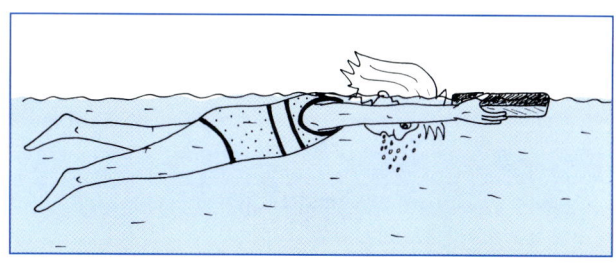

Nun kannst du alle Übungen für das Tauchen mit der richtigen Atmung wiederholen.

Einatmen geht nur über Wasser. Ausatmen solltest du ins Wasser.

Ein- und ausatmen

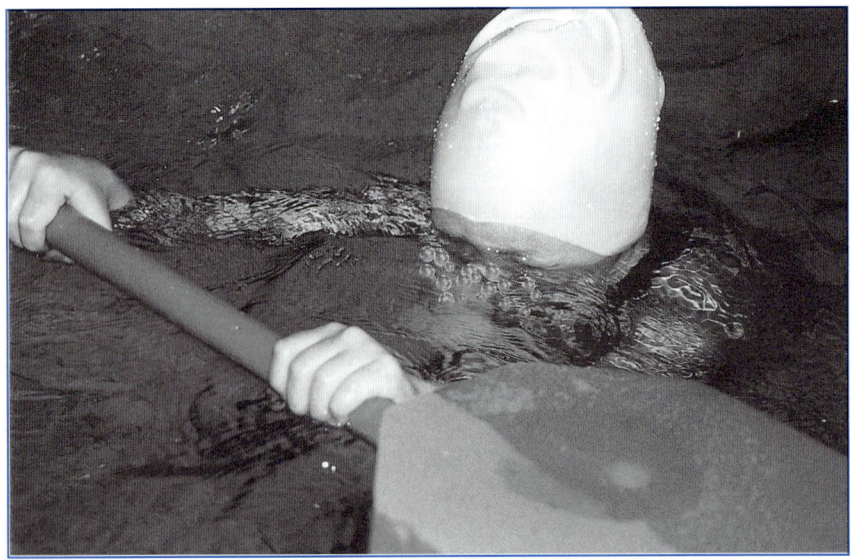

Gleiten

Warum muss ein Schwimmer gleiten können?

Es reicht nicht, nur die Schwimmbewegungen zu machen. Du solltest auch an der Wasseroberfläche bleiben und nicht untergehen. Dazu musst du gleiten können. Wenn du dich ganz lang auf dem Wasser ausstreckst, kannst du für kurze Zeit auf dem Wasser liegen. Das ist, als ob es dich trägt.

Dieses Gefühl musst du kennen, bevor du mit den eigentlichen Schwimmübungen beginnst.

 **Dazu gehört, dass du in Brustlage oder auch in Rückenlage nach kräftigem Abstoß mit gestreckten Armen und Beinen ein Stück im Wasser gleitest.**

Hier kommen einige Übungen.

Spiele „toter Mann".

Dazu atmest du tief ein, legst dich ganz lang auf das Wasser und bewegst dich nicht. Du kannst dich dafür auch erst einmal irgendwo festhalten.

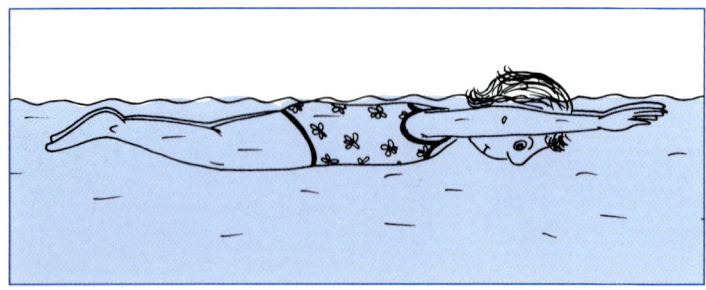

Nun versuche es auch in der Rückenlage.

Nun drehe dich während des Gleitens vom Bauch auf den Rücken und vom Rücken auf den Bauch.

Lass dich durch das Wasser ziehen. Halte das Gesicht dabei hoch, zur Seite oder ins Wasser.

Versuch es auch einmal in der Rückenlage. Wie wäre es mit einer Runde im Kreis?

Mit anderen Kindern lässt sich diese Übung ausführen. Habe Vertrauen, sie lassen dich gewiss nicht los!

Ich lerne Schwimmen

Stoße dich mit den Füßen kräftig ab und gleite, so weit es geht. Du musst dich gut strecken. Wenn du möchtest, nimm ein Schwimmbrett oder eine Schwimmsprosse in die Hand.

Das geht in Bauchlage und auch in Rückenlage.
Wie weit kannst du gleiten?

Bei der ersten Übung in Rückenlage die Arme seitlich halten.

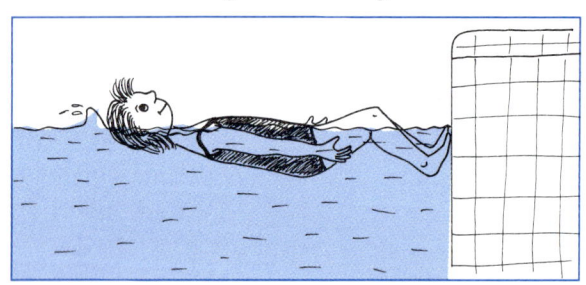

Bei der nächsten Übung Arme gestreckt nach hinten.

Fortbewegen

Warum muss man sich im Wasser fortbewegen können?

Es ist ganz wichtig, dass du dich im Wasser auskennst und mit dem Wasser vertraut bist. Beim Schwimmen kann auch mal etwas Überraschendes passieren. Die Hand tut weh und du kannst sie nicht mehr bewegen, du hast dich verschluckt oder große Wellen kommen. Da können die Kinder Angst bekommen. Nun musst du dich erinnern, wie du auch anders vorwärts kommst. Im flachen Wasser kannst du gehen oder du kannst dich an etwas festhalten und mit den Beinen paddeln.

Übe diese Vorwärtsbewegungen auch, wenn du noch keine Schwimmart erlernt hast.

 **Im Wasser fortbewegen heißt, dass du die Arme und Beine so bewegst, dass du vorwärts kommst. Wichtig ist dabei schon das regelmäßige Atmen.**

Im **flachen Wasser** kannst du gehen. Es ist zwar etwas mühsamer als auf der Straße, aber du kommst sicher vorwärts. Wenn du dich mit den Händen abdrückst und schaufelst, geht es noch besser.

Setze dich an den Beckenrand und paddle kräftig mit den Beinen. Vorsicht, nicht hineinfallen!

Spürst du den Wasserwiderstand?

Du weißt, dass du niemals allein ins tiefe Wasser gehen darfst. Wenn aber ein Schwimmer bei dir ist, dann probier doch diese Übungen im **tiefen Wasser** aus.

Kannst du dich am Beckenrand festhalten, dann hangle dich daran entlang. So kannst du auch vom Tiefbereich wieder ins Flachwasser kommen oder dich retten, wenn du vom Beckenrand fällst.

Mit den Schwimmhilfen kannst du dich schon recht selbstständig im Becken bewegen. Denke aber daran, das ist noch kein Schwimmen! Rutscht dir die Schwimmnudel aus den Händen oder entweicht die Luft aus den Schwimmflügeln, dann gehst du unter! Also, Vorsicht, nie alleine ins tiefe Wasser!

Hast du eine Schwimmhilfe wie Schwimmring, Brett, Schwimmsprosse, Schwimmflügel oder Schwimmnudel, kannst du mit den Armen oder Beinen paddeln. So kommst du auch vorwärts.

Du gelangst zum Beckenrand, wenn du die Beine bewegst, als ob du läufst.

...........9 DAS BRUSTSCHWIMMEN

Eigentlich kannst du jede Schwimmart zum Schwimmenlernen auswählen. Die meisten Schwimmanfänger entscheiden sich aber als erste Schwimmart für das Brustschwimmen. Du auch? Das ist so, weil die meisten Menschen am liebsten in Bauchlage schwimmen. So können sie gut sehen, was rundherum passiert und haben weniger Angst.

In Bauchlage schwimmt dein Körper gut im Wasser und das gibt Sicherheit. Schwimmanfänger können mit dem Brustschwimmen eher ausdauernd schwimmen und lange Strecken zurücklegen.

Willst du schwimmen ohne Plage, dann geh in die Gleitbootlage!

Wie Finis Boot im Wasser liegt, ist auch für den Schwimmer die beste Lage. Du solltest gerade im Wasser liegen – vorn etwas höher, hinten etwas tiefer. Der Körper ist nicht zu flach und nicht zu steil.

Wie das Brustschwimmen ausgeführt wird – die Technik

Brustschwimmen ist eine Gleichschlagschwimmart. Dabei werden beide Beine und beide Arme gleichmäßig bewegt. Der Körper liegt schräg, wie ein Gleitboot im Wasser. Der Po ist etwas tiefer als die Schultern.

Zu jeder Armbewegung gibt es eine Beinbewegung. Wenn die Hände und Unterarme nach innen geführt werden, beginnt das Anziehen der Beine. Beim Strecken der Arme erfolgt der Unterschenkelschlag.

Die Beine

Die Beine bewegen sich gleichzeitig. Die Unterschenkel und Füße führen eine Schlagbewegung aus. Das gibt den kräftigen Abstoß.

Dafür werden die Knie eng gehalten und die Füße zum Po geführt. Beim Grätschen der Unterschenkel drehen die Zehen nach außen.

Wenn die Fußsohlen und Unterschenkel fast senkrecht stehen, dann werden sie kräftig nach hinten geschlagen. Beim Strecken der Füße drücken sich die Fußsohlen kräftig vom Wasser ab.

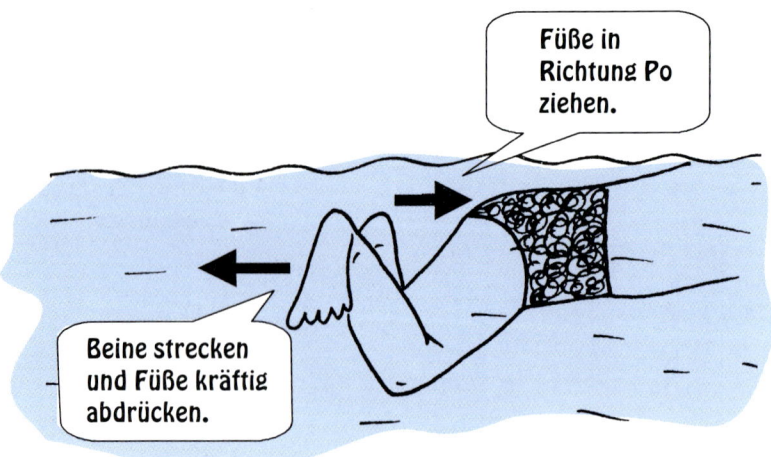

Die Arme

Der Armzug erfolgt nach außen und unten hinten. Bevor die Oberarme die Höhe der Schultern erreichen, werden Hände und Unterarme nach innen geführt. Dabei sollten die Ellbogen nach vorn zeigen. Die Hände berühren sich fast unter dem Kinn.

Dann werden die Arme schnell gestreckt und die Schultern schieben sich mit nach vorn.

Die Atmung

Während die Hände und Unterarme nach innen geführt werden, wird schnell und tief durch den Mund eingeatmet.

Dabei wird nur der Kopf leicht angehoben. Beim Strecken der Arme wird das Gesicht leicht auf das Wasser gelegt und lang und gleichmäßig durch Mund und Nase ausgeatmet.

Die Gesamtbewegung findest du auf den nächsten Seiten.

Der Bewegungsablauf beim Brustschwimmen

Du stößt dich mit den Füßen von der Wand ab und gleitest. Dabei atmest du durch Mund und Nase aus. Die Hände drehen sich zum *Wasserfassen*.

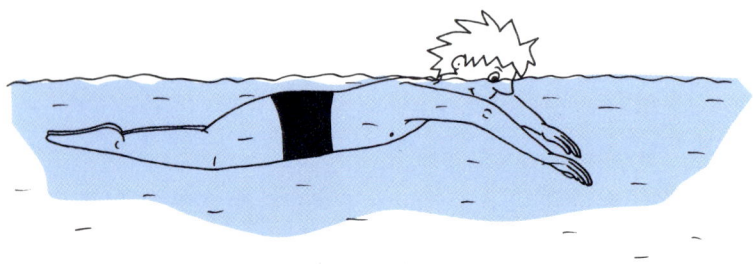

Nun beugst du die Arme etwas und führst sie zur Seite. Der Kopf geht langsam wieder hoch.

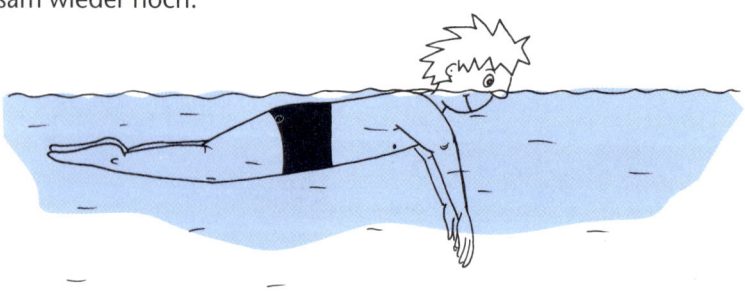

Du ziehst die Arme mit viel Kraft nach unten hinten bis auf Schulterhöhe. Ellbogen zeigen nach vorn.

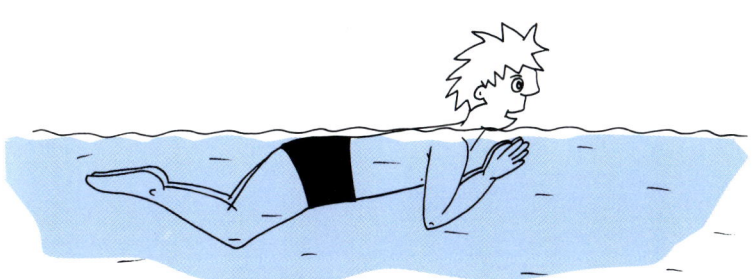

Nun führe die Arme ganz schnell an den Körper heran. Dabei werden die Beine gebeugt und die Fersen zum Po gezogen. Die Hände sind unter dem Kinn. Der Kopf hebt sich aus dem Wasser zum Einatmen. Atme tief und kräftig durch den Mund ein.

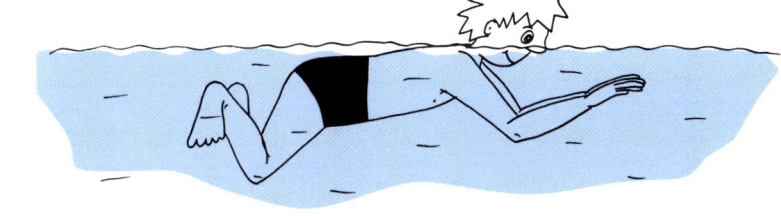

Drehe die Füße nach außen und ziehe die Zehen zum Knie. Die Knie sind etwa hüftbreit auseinander und die Füße etwas weiter. Der Kopf senkt sich langsam wieder. Das Gesicht geht zum Ausatmen ins Wasser.

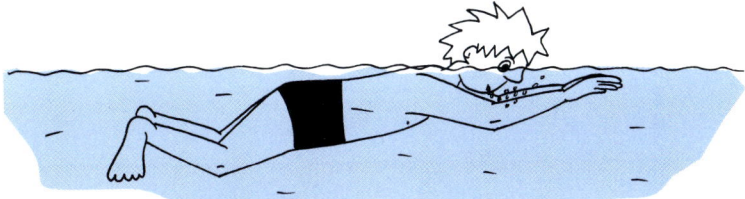

Du stößt dich ganz kräftig mit den Füßen ab. Gleichzeitig streckst du die Arme und schiebst die Schultern nach vorn.

Beine, Füße, Arme und Hände sind gestreckt und du gleitest. Dabei wird kräftig durch Mund und Nase ausgeatmet.

Darauf musst du beim Brustschwimmen besonders achten

Beim Brustschwimmen ist der Kopf etwas höher als der Po. Du liegst im Wasser wie ein Gleitboot. Die Schultern sind gerade und wackeln nicht hoch und runter. Du bewegst die Arme und Beine ruhig und gleichmäßig. Vergiss das Atmen nicht!

Beim Beinschlag

- Ziehe die Fersen gleichzeitig zum Po.
- Die Füße werden gedreht, sodass die Zehen nach außen zeigen.
- Stoße dich mit den Füßen ganz kräftig nach hinten ab.

Beim Armzug

Du darfst die Arme nicht zu weit nach hinten ziehen. Nur bis unter die Schultern. Dann ganz schnell die Arme zum Körper führen. Beim Strecken sind die Handflächen flach.

Halte die Finger deiner Hand fest zusammen. Dann arbeitet die Hand wie eine Schaufel und kann das Wasser kräftig wegdrücken.

Hier folgen einige wichtige Hinweise, die dir der Schwimmlehrer, die Mama, der Papa, die Oma oder ein anderer geben kann.

- ❏ Schultern waagerecht! Körper gerade, Hüfte fest!
- ❏ Po unter Wasser!
- ❏ Blick geradeaus, Augen über die Wasseroberfläche!
- ❏ Bewege ein Bein wie das andere!
- ❏ Ziehe die Fersen gleichzeitig zum Po, nicht ruckhaft!
- ❏ Knie nicht unter den Bauch ziehen!
- ❏ Zehen nach außen und zum Knie!
- ❏ Unterschenkel schnell und kräftig nach hinten schlagen!
- ❏ Mit den Fußsohlen vom Wasser abdrücken!
- ❏ Beine völlig strecken!
- ❏ Beine halbkreisförmig bewegen!
- ❏ Arme beim Durchziehen beugen!
- ❏ Ellbogen nicht hinter die Schulterlinie ziehen!
- ❏ Handflächen gerade, Finger zusammen! Knie zusammen!
- ❏ Hände seitlich nach hinten unten ziehen!
- ❏ Keine Pause, wenn sich die Arme unter dem Körper befinden!
- ❏ Arme vollständig strecken, Schultern mit nach vorn schieben!
- ❏ Tief einatmen, wenn die Arme unter dem Körper zusammengeführt werden!
- ❏ Beim Strecken der Arme vollständig in das Wasser ausatmen!
- ❏ Beinschlag, wenn sich die Arme strecken!
- ❏ Im letzten Teil des Armzugs die Beine anziehen!

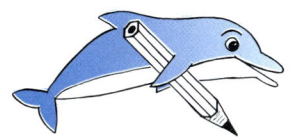

Kreuze mit Bleistift die Hinweise an, die für dich besonders wichtig sind. Ist der Hinweis nicht mehr notwendig, weil du es schon richtig machst, dann radiere das Kreuzchen wieder aus.

Wer dich beim Schwimmenlernen unterstützen will, muss dich gut beobachten und die Fehler sehen. Sei nicht sauer, sondern freue dich über die Hinweise. Sie sind lieb gemeint und helfen dir.

Schau dir die Bilder genau an. Was machen die Kinder falsch?

Wir haben um die Fehlerstellen einen Kreis gezeichnet.

1

2

3

4

5

6

7

8

So wird geübt

Hast dir den Bewegungsablauf auf den Zeichnungen im Schwimmbuch angeschaut? Auch der Schwimmlehrer oder deine Eltern zeigen dir die Schwimmbewegung. Nun musst du viel, viel üben, damit es auch bei dir gut klappt.

Übe erst einmal mit den Beinen und Armen getrennt. Da kommst du nicht so leicht durcheinander. Wenn es gut klappt, dann versuch es gleichzeitig.

Übungen an Land

Im Stehen, im Sitzen oder im Liegen auf einer Bank werden die Bewegungen mit Armen und Beinen ganz langsam ausgeführt. Achte dabei auf die richtige Hand- und Fußhaltung. Vorsicht, nicht runterfallen!

Diese Übungen kannst du auch daheim ausführen.

Übungen im Wasser

So kannst du die Beinbewegung im Wasser üben:

- Halte dich am Beckenrand oder an der Leiter fest.
- Halte dich mit den Händen an einem Schwimmbrett, einer Schwimm-sprosse oder der Schwimmnudel fest.
- Stoße dich vom Beckenrand ab und gehe in Gleitlage. Die Arme sind vorn oder am Körper.

So kannst du die Armbewegung üben:

- Halte dich an den Trennleinen oder an den Sprossen der Leiter mit den Füßen fest.
- Lass dich von jemand im Wasser halten.
- Klemme ein Schwimmbrett zwischen die Beine.
- Stoße dich kräftig mit den Füßen ab und versuche die Armbewegung aus dem Gleiten.

So kannst du den Armzug und Beinschlag zusammen üben:

- Du hast eine Auftriebhilfe um den Bauch. Entferne nach und nach Teile vom Schwimmgürtel oder lass immer mehr Luft aus den Nesselkissen. So lernst du, bald ohne Auftriebhilfe zu schwimmen.
- Du stößt dich kräftig vom Beckenrand ab. Aus dem Gleiten versuchst du, so viele Züge wie möglich zu machen.
- Übe ruhig und nicht zu hastig.

 **Vergiss bei allen Übungen das gleichmäßige Atmen nicht. Sonst bist du sehr schnell außer Puste.**

Der Kopfsprung

Zum Brustschwimmen kannst du im Wasser stehen oder dich am Rand festhalten und dann gemütlich losschwimmen. Aber wenn es schnell gehen soll, dann machen die Schwimmer einen *Startsprung*.
Eine Möglichkeit des Startsprungs haben wir dir hier aufgezeichnet.

Achte beim Springen darauf, dass das Wasser tief genug ist.

Oh weh!
Das war aber ein richtiger
Bauchplatscher!

.....10 DAS RÜCKENKRAULSCHWIMMEN

Vielleicht hast du nun schon das Brustschwimmen erlernt. Die meisten Kinder entscheiden sich als zweite Schwimmart für das Rückenkraulschwimmen.

Das Rückenkraul als Erstschwimmart auszuwählen, hat aber auch einige Vorteile. Das Wechselspiel von Armen und Beinen beherrschst du schon durch das Kleinkindkrabbeln und das Laufen. Außerdem ist die Atmung recht einfach, weil das Gesicht nicht im Wasser ist.

Auch hier geht's ohne Plage, gehst du in die Gleitbootlage!

Wie der Brustschwimmer liegt der Rückenschwimmer leicht schräg im Wasser.

Wie das Rückenkraul ausgeführt wird – die Technik

Das Rückenkraulschwimmen ist eine Wechselschlagschwimmart. Dabei werden die beiden Arme und die beiden Beine abwechselnd bewegt. Der Körper liegt schräg wie ein Gleitboot im Wasser. Der Po ist tiefer als die Schultern. Der Blick ist auf die Füße gerichtet.

Die Beine

Die Beine werden pausenlos wechselseitig auf- und abwärts bewegt. Der kraftvolle Beinschlag erfolgt von den Hüften über den Oberschenkel. Die Beine werden dabei trotzdem locker gehalten. Beim Aufwärtsschlag sind die Zehen leicht nach innen gedreht und beim Abwärtsschlag stehen sie gerade. Die Knie dürfen die Wasseroberfläche nicht durchbrechen.

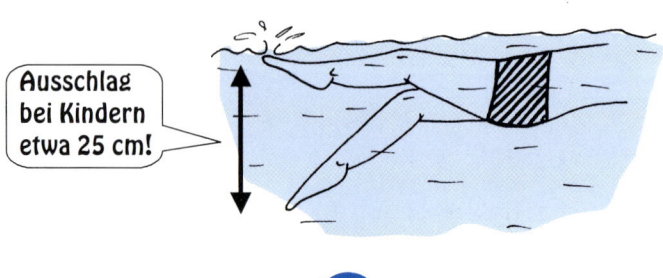

Ausschlag bei Kindern etwa 25 cm!

Die Arme

Die Arme werden pausenlos wechselseitig neben dem Körper bewegt. Der Arm ist gestreckt und taucht dicht am Kopf in das Wasser ein. Sofort nach dem Eintauchen und dem Wasserfassen wird der Arm fast rechtwinklig gebeugt und dann zum Oberschenkel hin wieder gestreckt. Die flache Hand drückt gegen das Wasser. Wenn die Hand am Oberschenkel das Wasser verlässt, wird der Arm locker und gestreckt über Wasser zurückgeführt.

Die Atmung

Weil das Gesicht sich immer über Wasser befindet, ist eine Atmung eigentlich jederzeit möglich. Damit das regelmäßige Atmen nicht vergessen wird, muss ein Atemrhythmus geübt werden. Wähle dir selbst einen Zeitpunkt für das Einatmen und einen für das Ausatmen.

Zum Beispiel: Beim Durchzug des rechten Arms einatmen und beim Durchzug des linken Arms ausatmen.

Die Gesamtbewegung findest du auf den nächsten Seiten.

Der Bewegungsablauf beim Rückenkraul

Die linke Hand wird mit dem kleinen Finger zuerst ins Wasser eingetaucht. Der Arm muss sofort Wasser fassen.

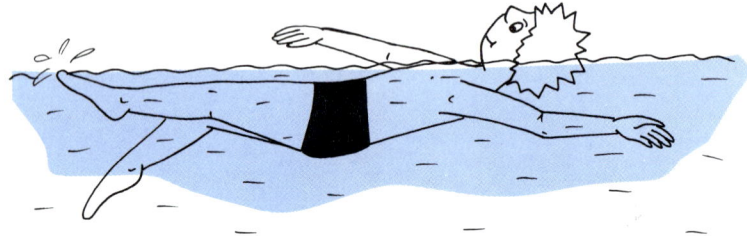

Während du den linken Arm nun seitlich nach unten drückst, kommt der
rechte Arm aus dem Wasser heraus.

Beuge den Arm und drücke dich kräftig gegen das Wasser ab. Die Hand
führt die Bewegung.

Führe die Hand schnell bis zum Oberschenkel.

Dann verlässt der linke Arm am Oberschenkel das Wasser.

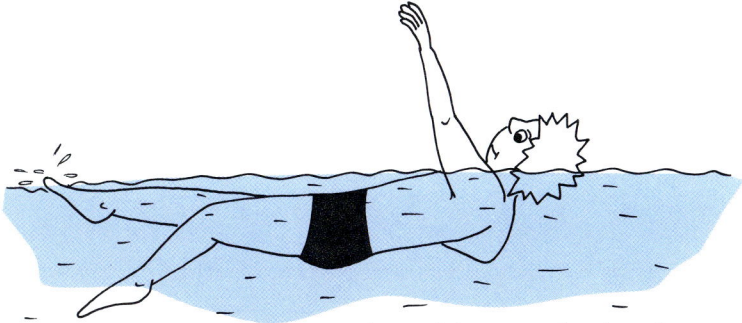

Nun führst du den Arm locker, gestreckt und fast gerade über dem Wasser zurück.

Die Beine werden pausenlos bewegt. Auf eine vollständige Armbewegung machst du sechs Beinschläge.

Darauf musst du beim Rückenkraul besonders achten

Knie unter Wasser,
Füße spritzen etwas!

Zu den Füßen
schauen!

Nicht sitzen!

Arm am Ohr
vorbeiführen!

Beinbewegung geht aus
dem Oberschenkel heraus!

Du tauchst mit dem kleinen Finger zuerst ein.
Die Finger sind geschlossen.
Im Wasser ist der Arm gebeugt.

Durch die Armbewegung dreht sich der Körper etwas hin und her. Achte aber darauf, dass du nicht zu sehr rollst.

Hier sind einige wichtige Hinweise, die dir der Schwimmlehrer, die Mama, der Papa, die Oma oder ein anderer geben kann.

- ❏ Nicht sitzen, Po zur Wasseroberfläche!
- ❏ Schultern hoch!
- ❏ Nicht schaukeln!
- ❏ Nicht drehen!
- ❏ Körper gerade!
- ❏ Blick zu den Zehen!
- ❏ Kopf bleibt ruhig und entspannt, nicht zur Seite drehen!
- ❏ Oberschenkel mitbewegen!
- ❏ Knie unter Wasser, nicht zu stark beugen!
- ❏ Fußgelenk locker, Zehen lang, nicht Rad fahren!
- ❏ Zehen nach innen (Onkelstellung) beim Aufwärtsschlagen!
- ❏ Zehen durchstoßen die Wasseroberfläche, Wellen bilden!
- ❏ Runde Bewegungen der Beine, nicht nur zittern!
- ❏ Pausenlose Bewegung der Arme!
- ❏ Arme immer wechselseitig führen!
- ❏ Kräftig durchziehen, der kleine Finger zieht am Oberschenkel vorbei!
- ❏ Den letzten Abdruck betonen, nicht zu tief ziehen!
- ❏ Den Widerstand spüren, Finger nicht auseinander, Hand nicht verkanten!
- ❏ Arme gestreckt, Oberarm dicht am Ohr vorbei!
- ❏ Regelmäßig atmen!
- ❏ Festlegen, bei welchem Arm geatmet wird!
- ❏ Kräftig und vollständig ausatmen!

Kreuze mit Bleistift die Hinweise an, die für dich besonders wichtig sind. Ist der Hinweis nicht mehr notwendig, weil du es schon richtig machst, dann radiere das Kreuzchen wieder aus.

Wer dich beim Schwimmenlernen unterstützen will, muss dich gut beobachten und die Fehler sehen. Sei nicht sauer, sondern freue dich über die Hinweise. Sie sind lieb gemeint und helfen dir.

Kannst du erkennen, was die Kinder beim Rücken-schwimmen falsch machen. Wir haben um die Fehlerstellen einen Kreis gezeichnet.

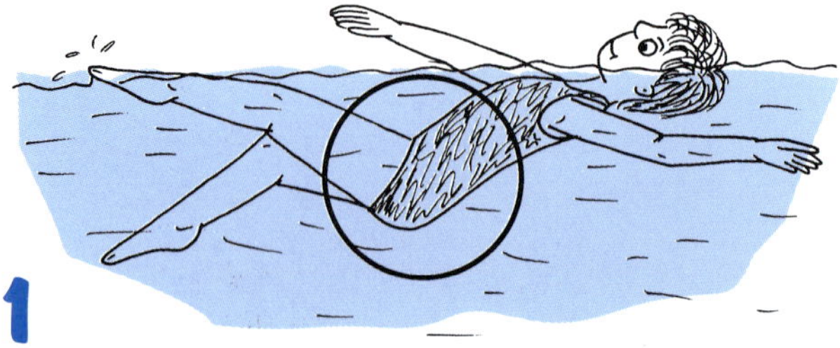

1

2

3

4

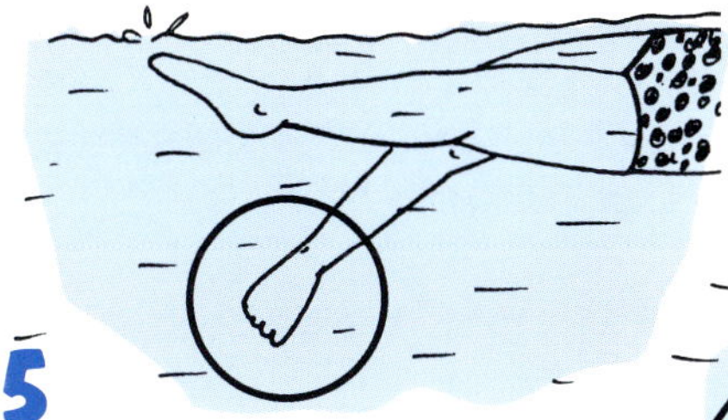

5

6

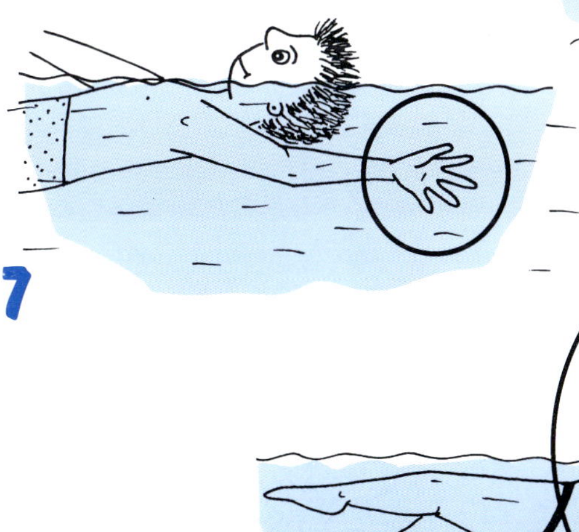

7

8

ICH LERNE SCHWIMMEN

Fini und Speedster üben Rückenkraulschwimmen ...!

So wird geübt

Nachdem dir die Bewegungen für das Rücken-schwimmen genau erklärt wurden, musst du viel, viel üben. Damit die Arme und Beine aber nun nicht nur wild herumstrampeln, brauchst du den richtigen Rhythmus. Das ist gar nicht so leicht.

Übe erst einmal mit den Beinen und danach mit den Armen. So kommst du nicht so leicht durcheinander. Wenn es gut klappt, dann versuche es gleichzeitig.

Übungen an Land

Im Stehen, im Sitzen am Beckenrand oder im Liegen auf einer Bank wer-den die Bewegungen mit Armen und Beinen ganz langsam ausgeführt. Achte dabei auf die richtige Hand- und Fußhaltung.

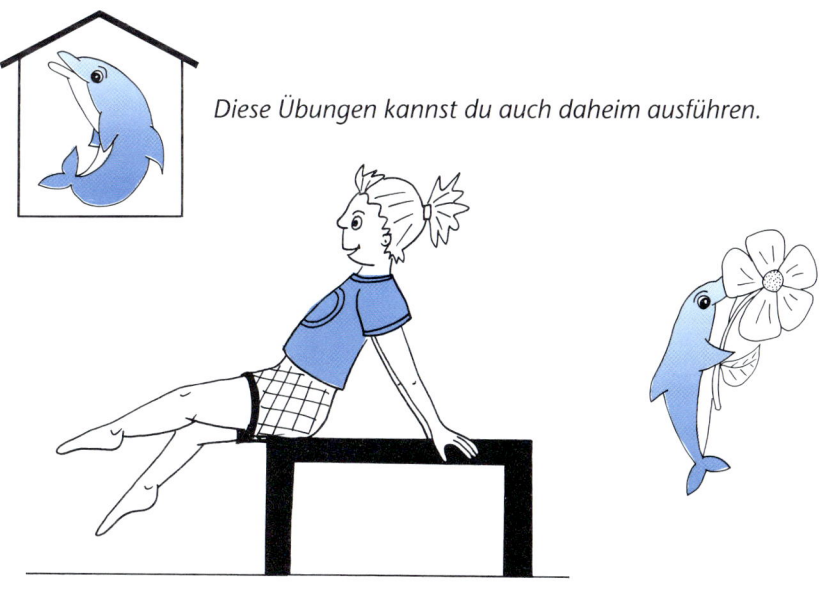

Diese Übungen kannst du auch daheim ausführen.

Übungen im Wasser

So kannst du den Beinschlag im Wasser üben:

- Setze dich im Wasser auf die Treppenstufe.
- Halte dich am Beckenrand, an der Überlaufrinne oder an der Leiter mit den Händen fest.
- Lege ein Schwimmbrett unter den Kopf oder halte dich an einer Schwimmsprosse fest.
- Stoße dich vom Beckenrand ab und gehe in Gleitlage. Die Arme sind hinten oder am Körper.

 **Vergiss bei allen Übungen das gleichmäßige Atmen nicht! Sonst bist du bald außer Puste.**

So kannst du den Armschlag im Wasser üben:
- Halte dich an der Überlaufrinne oder an der Leiter mit den Füßen fest.
- Lass dich von jemand im Wasser halten.
- Stoße dich kräftig mit den Füßen ab und probiere die Armbewegung aus dem Gleiten.

So kannst du den Arm- und Beinschlag zusammen üben:
- Du hast einen Schwimmgürtel oder eine andere Auftriebhilfe um den Bauch und machst einige Arm- und Beinschläge.
- Du legst ein Brett unter den Kopf und hältst es nur mit einer Hand fest. Der andere Arm übt zusammen mit den Beinen. Dann wird gewechselt.
- Du stößt dich kräftig ab, gleitest und machst so viele Arm- und Bein- schläge wie du kannst.

Der Rückenstart

Bei einem Wettschwimmen starten die Schwimmer bei dem Kommando: „Los!" oder beim Startpfiff. Wie kommt man aber nun am schnellsten los? Dafür gibt es für das Rückenschwimmen einen besonderen Start.

1

Du hältst dich am Beckenrand, der Überlaufrinne oder der Leiter mit den Händen fest und stemmst die Füße gegen die Wand. Das Kinn ist auf der Brust.

2

Beim Startkommando stößt du dich kräftig ab und streckst dabei die Beine. Die Arme gehen nach hinten.

3

Mit diesem Schwung und so gestreckt gleitest du einige Zeit durch das Wasser. Beginne zuerst mit den Beinschlägen und dann mit den Armen.

··················11 DAMIT ALLES SEINE ORDNUNG HAT

Baden und Schwimmen machen Spaß. In der Schwimmhalle kann man lustig herumplanschen und wenn die Sonne lacht, geht's ins Freibad oder ans Meer. Doch damit der Tag auch fröhlich bleibt, müssen sich alle Kinder und Erwachsenen ordentlich und rücksichtsvoll verhalten.

Vielleicht hast du schon Warnungen gehört, dass man sich beim Baden verletzen kann oder gar ertrinken. Damit du im Wasser sicher sein kannst, haben wir dir auf den nächsten Seiten einige wichtige Dinge aufgeschrieben.

Badeordnung – in der Schwimmhalle

In jeder Schwimmhalle hängt eine Badeordnung aus. Sucht diese bei euch und lest sie gemeinsam durch. Lass dir erklären, was du nicht verstehst.

Wenn du Badegast bist, musst du dich auch wie ein Gast verhalten.

Gehe sorgsam mit den Einrichtungen in der Schwimmhalle um. Achte darauf, dass nichts beschmutzt und beschädigt wird. So haben alle lange viel Freude daran.

- Ziehe im Barfußgang die Straßenschuhe aus, damit kein Schmutz in die Halle gelangt.
- Vor dem Schwimmen gehe in den Duschraum. Dusche dich gründlich ohne Badekleidung und seife dich ab. Benutze auch die Toilette. Du möchtest gewiss auch nicht in schmutzigem Wasser herumschwimmen.
- Nimm kein Essen und Trinken mit in die Halle. Die Krümel verschmutzen das Wasser. Wegen der großen Verletzungsgefahr darfst du keine Glasflaschen mitnehmen!

Was sagst du zu Speedster?
Hat er Recht?

Speedster, komm mit unter die Dusche!

Ich gehe doch gleich ins Schwimmbecken, da werde ich schon sauber!

Nimm Rücksicht auf die anderen Badegäste. Verhalte dich so, dass keiner gestört, verärgert oder gar verletzt wird.

- Nur dort springen, wo es erlaubt ist. Beim Springen schauen, dass du niemand auf dem Kopf landest.

- Beim Schwimmen darauf achten, dass die Bahn frei ist und du mit keinem zusammenstößt.

- Stoße keinen anderen Badegast ins Wasser oder drücke ihn unter Wasser. Er könnte erschrecken, Angst bekommen oder Wasser schlucken.

Verhalte dich so, dass du selbst keinen Schaden nimmst.

- Gehe als Nichtschwimmer nicht alleine ins Becken.
- Gehe als Schwimmanfänger nur mit Erwachsenen ins tiefe Wasser. Wenn du unsicher oder schwach wirst, ist gleich Hilfe da.
- Am Beckenrand sollst du langsam gehen und nicht rennen. Du kannst sonst leicht ausrutschen und hinfallen.

Badegäste, die sich nicht an die Badeordnung halten, müssen das Schwimmbad verlassen. Wenn sie sich sehr rücksichtslos verhalten haben, dürfen sie das Schwimmbad nicht mehr betreten.

Der Schwimmmeister

Hast du schon den Schwimmmeister in der Schwimmhalle gesehen? Er muss gut aufpassen, dass alle Badegäste die Regeln einhalten und sich ordentlich verhalten. Wer sich nicht benimmt, wird ermahnt. Auf den Schwimmmeister oder andere Mitarbeiter in der Schwimmhalle muss gehört werden!

Der Schwimmmeister achtet auch darauf, dass keinem Badegast etwas passiert. Dafür sitzt er hinter einer großen Glasscheibe oder steht am Beckenrand und beobachtet alle Leute im Schwimmbecken. Er kann sehr gut und schnell schwimmen und kennt die Rettungsgriffe. Ruft ein Kind oder ein Erwachsener um Hilfe oder ist in Gefahr, dann hilft er.

Rufe niemals nur so zum Spaß um Hilfe. Der Schwimmmeister würde zu dir eilen und kann dann vielleicht nicht sehen, wenn wirklich ein Mensch in Gefahr ist.

Die Kinder sind in der Schwimmhalle. Schau dir die Bilder an. Was machen sie falsch?

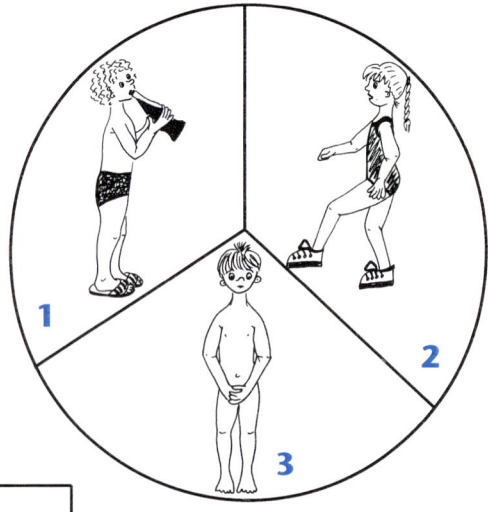

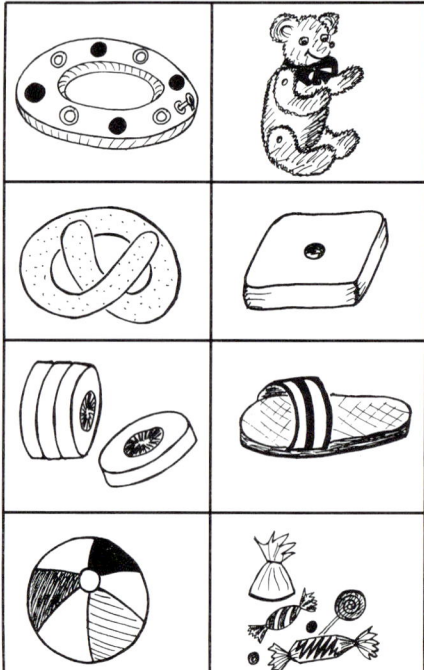

Welche Dinge gehören nicht in die Schwimmhalle? Streiche durch, was du daheim lassen musst.

Jetzt geht es an den Badesee oder ans Meer

Jule hat die Prüfung für das *Seepferdchen* bestanden. Ganz stolz trägt sie nun das kleine *Seepferdchen* an ihrem Badeanzug. Mama hat es am selben Tag noch angenäht. „Endlich", denkt sie, „kann ich überall schwimmen wie ich will!"

Am nächsten Samstag ist es schön warm und die Familie fährt zum Badesee. Jule zieht ihren Badeanzug an und springt sofort ins tiefe Wasser. Was war denn das? Das Wasser ist so kalt, sie kann vor Schreck ihre Beine und Arme kaum bewegen. Und schwupp, spritzt ihr eine Welle auch noch Wasser ins Gesicht. Zum Glück ist Papa da und hält sie fest. „Na, du Superschwimmerin", sagt er, „es geht wohl doch noch nicht so einfach, wie du dachtest!"

Mit dem *Seepferdchen* darfst du zwar schon ins tiefe Wasser, aber das bedeutet nicht, dass keine Gefahr mehr besteht. Nun musst du das Schwimmen im kalten oder auch welligen Wasser üben. Sei immer vorsichtig, wenn du an ein fremdes Gewässer kommst.

Einige wichtige Baderegeln

Bist du rundherum fit und gesund,
gibt's fürs Draußenbleiben keinen Grund.

Prüfe erst die Temperatur im Becken,
sonst kannst du dich leicht erschrecken.

Viele Getränke und Speisen im Magen
bringen beim Schwimmen Unbehagen.

Bist du erhitzt vom Spielen und vom Sonnenschein,
springe nicht gleich ins kalte Wasser.

Beachte immer Bojen, Absperrleinen und Wetterbälle,
sie schützen dich vor einer Gefahrenquelle.

Auch wenn die Freunde von der Luftmatratze winken,
als Nichtschwimmer kannst du dort leicht abrutschen und ertrinken.

Gehst du ins Wasser, sag immer Bescheid,
so ist bei Gefahr die Hilfe nicht weit.

Dort, wo die großen Kinder springen und tauchen,
können sie Schwimmanfänger nicht gebrauchen.

Wer im Wasser friert, macht schnell schlapp.
Geh eiligst raus und trockne dich ab.

Erste Hilfe

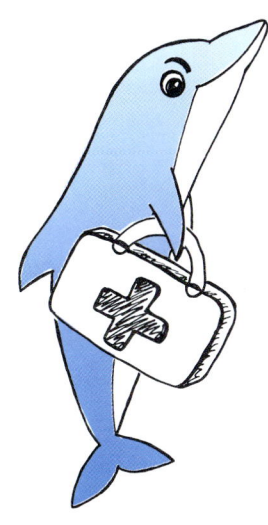

Natürlich wünschen wir dir ein fröhliches und unbeschwertes Badevergnügen. Beachtest du die Baderegeln, kannst du viel für deine Sicherheit tun. Sollte aber doch mal etwas passieren, ist es gut, vorbereitet zu sein.

Rettung in der Not

Siehst du, dass ein Schwimmer in Not ist, musst du ihm helfen.
- Wirf etwas ins Wasser, woran er sich festhalten kann (einen Rettungsring, ein Schwimmbrett, eine Schwimmnudel oder Ähnliches).
- Hole Hilfe! Sag dem Schwimmmeister oder einem Erwachsenen Bescheid.
- Wenn du sicher am Ufer stehst, kannst du auch ein Seil oder einen Stock hinhalten.
- Versuche nicht, als Schwimmanfänger hinzuschwimmen. Du bist noch zu schwach und unsicher. Bei diesem Rettungsversuch könntest du selbst ertrinken.

Wenn du selbst in Not bist
- Ruhe bewahren, denn durch wildes Gezappel verlierst du zu viel Kraft. Versuche, dich irgendwo festzuhalten.
- Mache andere Schwimmer durch Rufen oder Winken auf dich aufmerksam.

Wenn du einen Krampf hast

Wenn die Finger, Füße oder Beine ganz steif werden, hast du wahrschein-
lich einen *Krampf*. Das passiert, wenn man sich zu sehr anstrengt oder das
Wasser zu kalt ist. Ein Krampf ist gefährlich, weil du dich so nicht mehr
richtig bewegen kannst. Doch du kannst dir selbst helfen.

Hast du einen **Fingerkrampf**, dann sind
die Finger plötzlich ganz steif und
schmerzen.

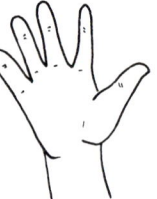

Im Wechsel: Die Hand ganz weit öffnen
und dann eine Faust machen.

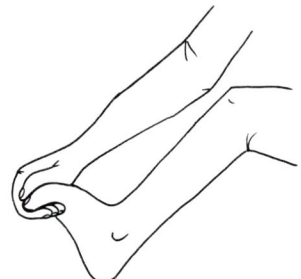

Sind die **Zehen** ganz gespreizt und
steif, ist der Krampf dort.

Im Wechsel: Die Zehen nach unten
drücken und loslassen.

Ist der Oberschenkel ganz hart und tut weh, hast du einen **Oberschen-
kelkrampf**.

Im Wechsel: Das Bein fest zum Po ziehen und strecken.

Bei einem **Wadenkrampf** ziehe kräftig an der großen Zehe.

Jetzt mache ein paar Übungen daheim.

Speedster liebt es, auf seiner Luftmatratze mit den Wellen zu schaukeln. Manchmal sind die Wellen so stark, dass er über Bord fällt. Aber das ist bei Speedster nicht so schlimm, denn er ist ein toller Taucher und Schwimmer. Er hat auch schon lange geübt.

Für einen Schwimmanfänger ist es besonders wichtig, dass er sich nicht unnötig in Gefahr begibt. Luftmatratzen, Schlauchboote oder Surfbretter sind sehr gefährlich. Sie können schnell umschlagen und auf den Schwimmer fallen.

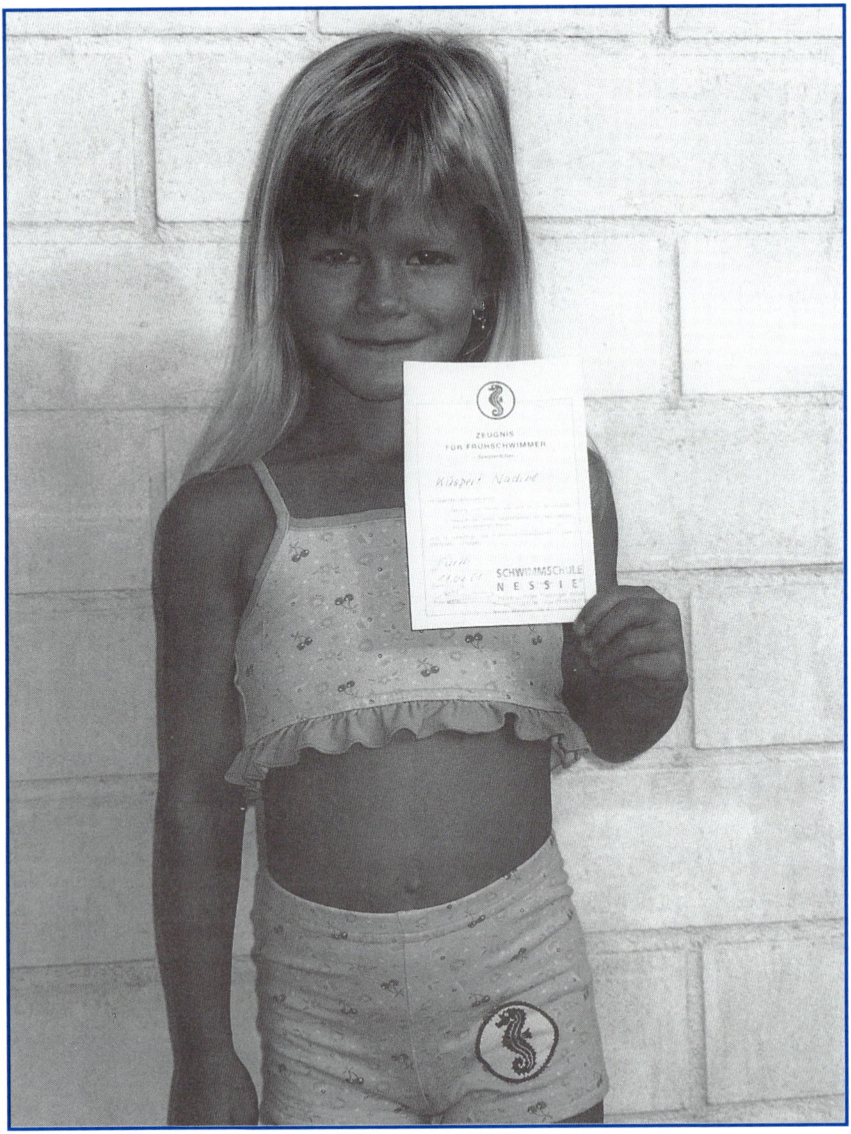

Nadine ist stolz, weil sie es schon geschafft hat.

...........12 DER FRÜHSCHWIMMER

Fleißiges Üben wird belohnt. Kannst du springen, tauchen und schwimmen, ist es möglich, das *Seepferdchen* zu erwerben. Fühlst du dich fit dafür, dann melde dich beim Schwimmlehrer oder Schwimmmeister und frag danach. Zeig ihm oder ihr, dass du die Bedingungen erfüllst.

Dazu gehört:
- Vom Beckenrand springen, sicher auftauchen und 25 m in einer selbst gewählten Schwimmart schwimmen.
- Aus schultertiefem Wasser mit den Händen einen Gegenstand heraufholen.

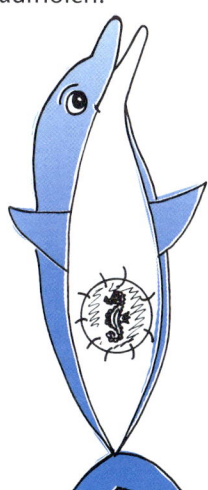

Hast du alles gut geschafft, dann erhältst du das Frühschwimmerzeugnis, in welches dein Name eingetragen wird. Für den Badeanzug oder die Badehose gibt es ein *Seepferdchenzeichen* aus Stoff. Das wird angenäht und jeder kann es sehen.

Sicher wirst du nun weiterüben und schnell auch die zweiten Schwimmart erlernen. Vielleicht erreichst du später dann noch die *Deutschen Jugendabzeichen* in *Bronze*, in *Silber* oder *Gold*. Die Bedingungen dafür hängen in der Schwimmhalle aus.

So sieht das Frühschwimmerzeugnis aus:

ZEUGNIS
FÜR FRÜHSCHWIMMER
– Seepferdchen –

hat folgende Leistungen erfüllt

1. Sprung vom Beckenrand und 25 m Schwimmen

2. Heraufholen eines Gegenstandes mit den Händen aus schultertiefem Wasser

und ist berechtigt, das Frühschwimmerabzeichen – Seepferdchen – zu tragen.

Ort

Datum   Stempel

Prüfer und Nr.

Das ist die Rückseite:

Merkt's euch, ihr Wasserratten!

- Vor dem Schwimmen gehst du immer unter die Dusche und wäschst dich!
- Lange Strecken schwimmst du nur mit Vati oder Mutti!
- Frierst du, dann gehe schnell aus dem Wasser und ziehe dich warm an!
- In flaches oder unbekanntes Wasser springst du **nie** mit dem Kopf zuerst!
- Kaugummi und Flaschen nimmst du **nicht** mit in das Schwimmbad!
- Möchtest du, dass dich andere tunken oder ins Wasser schubsen? – also – lasse es auch selbst sein!
- Um Hilfe rufst du nur, wenn du wirklich große Angst hast!

. . . und noch was für Vati und Mutti

- Achtet auf eine angemessene Essenspause vor dem Schwimmen – ein voller Magen verursacht oft Übelkeit und kann eurem Kind gefährlich werden!
- Gebt eurem Kind keine Luftmatratze und kein Schwimmtier mit ins Wasser – beides bietet keinerlei Sicherheit in **tiefem** Wasser!
- Möchtet ihr, dass euer Kind unbeschadet bleibt? – also – lasst es nie unbeaufsichtigt am Wasser – es kennt keine Gefahr!

VERBÄNDE

ASB,	Arbeiter-Samariter-Bund e.V.
BDS,	Bundesverband Deutscher Schwimmmeister e.V.
DLRG,	Deutsche Lebens-Rettungs-Gesellschaft e.V.
DRK,	Deutsches Rotes Kreuz e.V.
DSV,	Deutscher Schwimm-Verband e.V.
DTB,	Deutscher Turner-Bund e.V.
VDST,	Verband Deutscher Sporttaucher e.V.

Fini und Speedster schwimmen um die Wette.
Wer kommt zum Ball und wer kommt zur Ente?

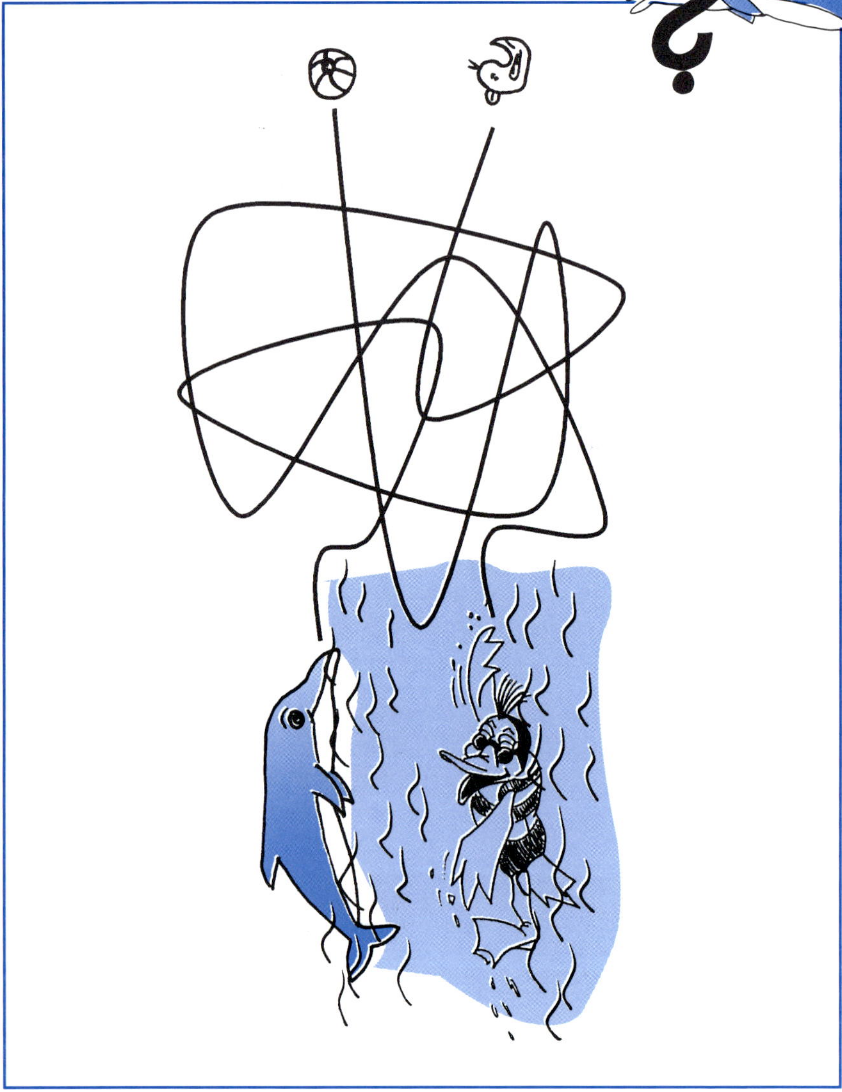

.............13 Auflösungen und Antworten

S. 31   Bei dem Wort *Wasser* fällt uns ein: Nass, warm, kalt, wellig, Schiff, Meer, schwimmen, waschen, Dusche, Schwimmhalle, Badehose, Quietscheente, angeln, tauchen, gefährlich, Spaß, Ball, Urlaub, Regen, Gummistiefel, trinken. . . . .

S. 32   Wasserball, Wasserhahn, Wasserschlange, Wassertropfen, Wasserrutsche. . . . .

S. 34   Es entsteht ein Strudel und der Ball dreht sich im Sog mit. . . . .

S. 44   Frosch, großer Fisch, kleiner Fisch, drei Kaulquappen, Schildkröte, große Ente, Entenküken. . . . .

S. 44   Fini ist hinter den Rohrkolben. . . . .

S. 51   Die Plüschkatze solltest du nicht mit ins Wasser nehmen. . . . . .

S. 84/85   1 Der Körper hängt zu tief im Wasser. . . . .
2 Die Beine bewegen sich nicht gleichmäßig. . . . .
3 Die Knie werden zu weit unter den Bauch gezogen. . . . .
4 Die Füße sind nicht gestreckt./Zum Ausatmen das Gesicht auf das Wasser . . . .
5 Der Fuß durchbricht die Wasseroberfläche und mit dem Fuß wird aufs Wasser geschlagen. . . . .
6 Die Arme gehen zu tief und zu weit nach hinten. . . . .
7 Die Finger sind nicht geschlossen. . . . .
8 Die Ellbogen sind zu hoch. Sie durchbrechen die Wasseroberfläche. . . . .

S. 98/99   1 Der Po ist zu tief.
2 Der Kopf ist zu weit hinten und der Blick nicht auf die Füße gerichtet. . . . .
3 Die Knie sind zu hoch. Sie durchbrechen die Wasseroberfläche. . . . .

4 Die Füße sind nicht gestreckt. . . . .

5 Ein Fuß ist verkantet. Das nennt man *Scherschlag*. . . . .

6 Der Arm geht zu weit nach außen und ist nicht eng am Körper. . . . .

7 Die Finger sind nicht geschlossen. . . . .

8 Die Armbewegung ist nicht gleichförmig. . . . .

S. 106 Jeder Badegast muss sich vor dem Schwimmen duschen und gründlich waschen. Wenn jeder so denkt wie Speedster, wäre im Schwimmbecken nur noch schmutziges Wasser. Hättest du Lust, da hineinzugehen? . . . .

S. 108 1 Eine Glasflasche in der Schwimmhalle ist verboten. Wenn sie zerbricht, kann man sich an den Scherben sehr schlimm schneiden. Außerdem solltest du erst nach dem Schwimmen etwas essen und trinken. . . . .

2 Keiner darf die Schwimmhalle mit Straßenschuhen betreten.

3 Das Kind hat wohl seine Badesachen vergessen. Ordentliche Badekleidung ist in den Schwimmhallen für alle vorge-schrieben. . . . .

S. 108

S. 118 Fini gelangt zum Ball und Speedster zur Ente.

···················14 AUF EIN WORT

Liebe Eltern, liebe Großeltern, liebe Geschwister, liebe Freunde ....!

Das Schwimmenlernen stellt einen wichtigen Entwicklungsschritt im Leben der Knirpse dar. Die lange Überschrift zeigt schon, wie viele Personen unsere Kinder beim Schwimmenlernen unterstützen wollen. Im Buch sprechen wir dann manchmal nur von den Großen.

Es ist wichtig zu erkennen, dass das Schwimmen am Anfang nicht nur eine Freizeitbeschäftigung oder eine von vielen Sportarten ist, sondern Schwimmen muss jeder können. Neben zahlreichen gesundheitlichen Aspekten hat es lebensrettende Bedeutung. Können unsere Kinder schwimmen und sich sicher im Wasser bewegen, ist uns eine große Angst genommen. Viel unbeschwerter genießen wir den Aufenthalt am, auf und im Wasser.

Was ist der richtige Weg?

Der sprichwörtliche Sprung ins kalte Wasser ist wohl nicht der geeignetste Weg, den Kindern die Scheu vor dem Wasser zu nehmen sowie Freude am Schwimmen und später eventuell auch am Schwimmsport zu entwickeln.

Vorsichtig gewöhnen wir unsere Kinder an das nasse Element. Meistens beginnt es ganz spielerisch in der Badewanne, später im Planschbecken oder beim Babyschwimmen. Dafür haben wir in Kapitel 7 einige Möglichkeiten aufgezeigt.

Die Ausbildung von Wassersicherheit und Schwimmfähigkeit, wie wir sie in Kapitel 8 „Grundfertigkeiten" beschrieben haben, ist Voraussetzung für das eigentliche Schwimmenlernen. Gewiss finden Sie vielfältige Übungen und Möglichkeiten für Ihre Kinder.

Ob mit Brustschwimmen oder Rückenkraul begonnen wird, spielt eigentlich keine Rolle. Bei den Schwimmlehrern gibt es dazu unterschiedliche

Auffassungen, da beide Schwimmarten ihre Vorteile bieten. In Deutschland ist Brustschwimmen als Erstschwimmart am weitesten verbreitet.

Im Laufe der Zeit haben sich verschiedene Techniken der Schwimmarten und Methoden des Erlernens entwickelt. Wir haben Methoden und Möglichkeiten aufgeschrieben, die wir als die geeignetsten und besten sehen. So wie überall, gibt es auch hier verschiedene Meinungen. Sollten Sie oder der Schwimmlehrer andere Methoden als die im Buch genannten favorisieren, dann ist das auch in Ordnung.

Sind die lieben Angehörigen auch gute Lehrer?

Wer Lust, Zeit und die Möglichkeiten hat, seinem Kind das Schwimmen beizubringen, wird viel Freude dabei haben. Dieses gemeinsame Erlebnis verbindet und macht stolz. Es ist jedoch auch möglich, dass die große Vertrautheit und der liebevolle Umgang sich beim Schwimmunterricht eher hinderlich auswirken. Ob man da streng und konsequent genug sein kann, wenn es mal nicht so läuft? Beim Lehrer und in der Gruppe sagt das Kind nicht so schnell: „Ich habe keine Lust mehr!" oder „Das mache ich nicht!"

In den Schwimmschulen gibt es für Kinder im Alter von ca. 3-4 Jahren Einzelunterricht, für Vorschulkinder Kleinstgruppenunterricht und für Schulkinder Gruppenunterricht. Mit einem erfahrenen Schwimmlehrer und in der Gruppe werden Sie bei Ihren Kindern schnell die Fortschritte sehen.

Ohne Fleiß kein Preis und ohne Ziel kein Erfolg

Können Sie sich noch an die ersten Gehversuche Ihrer Kleinen erinnern? Wie wackelig und unbeholfen sie noch waren! Neben dem Stolz über den Fortschritt gab es auch Rückschläge, die sich in Tränen, schmutzigen Knien und Beulen zeigten. Das viele Üben kann man sich jedoch bei dem heutigen *Flitzer* kaum noch vorstellen.

Ähnlich ist es auch beim Schwimmenlernen. Der Superschwimmer wird nicht geboren, sondern auch hier bedarf es fleißigen Übens. Aber das macht nicht immer gleich viel Spaß. Dabei wird auch viel Wasser ge-

schluckt, die Augen brennen manchmal und Arme und Beine schmerzen. Beim Üben passiert es häufig, dass die anfängliche Lust und Begeisterung nachlässt und die Tränen, die Mutlosigkeit und der Trotz kommen.

Jetzt muss das Kind wissen: Wozu das alles überhaupt? Warum plage ich mich so? Besprechen Sie mit Ihrem Kind das *Gesamtziel*, nämlich das Schwimmen zu erlernen. Frage Sie nach den Vorteilen des Schwimmenkönnens und setzen Sie eventuell gemeinsam ein zeitliches Ziel für das *Seepferdchen*.

Warum willst du das Schwimmen erlernen?

- *Ich will mit meinen Freunden im Freibad herumtollen.* ☐
- *Meine Freunde können auch schwimmen.* ☐
- *Ich will keine Angst mehr vor dem tiefen Wasser haben.* ☐
- *Ich will, dass ich nicht im Wasser ertrinke.* ☐
- *Ich will mal superschnell schwimmen und Weltmeister werden.* ☐
- *Die Bewegung im Wasser macht mir Spaß und ist gesund.* ☐
- *Schwimmen muss einfach jeder können.* ☐

Wenn Sie selbst mit Ihrem Kind üben, dann lassen sich neben dem Gesamtziel auch *Teilziele* für jede einzelne Übungsstunde festlegen. Planen Sie gemeinsam mit Ihrem Kind Übungen, die geschafft werden sollen. Beispiele dafür finden Sie in Kapitel 8 „Grundfertigkeiten". Bei Erreichen darf die Blume ausgemalt werden. Auch für das Brustschwimmen und Rückenkraul lassen sich Teilziele festlegen. Für kindgemäße Belohnungen haben Sie sicher selbst gute Ideen.

Wenn das Kind weiß, warum es etwas tut, fällt es ihm leichter durchzuhalten. Klappt mal etwas nicht so wie vorgenommen, ist es nicht so schlimm. Dann wird das Ziel noch einmal angepeilt. Auch Rückschritte sind im Lernprozess durchaus normal und dürfen nicht entmutigen.

Erwarten Sie von Ihrem Kind nicht mehr, als es momentan zu leisten befähigt und bereit ist. Vergleichen Sie auch nicht immer mit Gleichaltrigen. Die Kinder in diesem Alter sind noch sehr unterschiedlich in ihrer Entwicklung. Orientieren Sie sich lieber am eigenen Kind und loben Sie seine Fortschritte.

Huh, huh!!
Ich will auch wirklich nie wieder untergehen!

Nutzen dieses kleinen Büchleins

Das Buch soll eine Art Nachschlagewerk, Tagebuch und Arbeitsbuch für die Kinder selbst sein. Sie erfahren darin Wissenswertes über alles, was mit dem Schwimmenlernen zu tun hat. Es soll zum Frühschwimmer (*See-pferdchen*) führen und noch ein Stück darüber hinaus.

In ihrem persönlichen Schwimmbuch können die Kinder Bilder ausmalen, Rätsel lösen, Fotos einkleben und Fortschritte eintragen. Da die meisten Schwimmanfänger noch Vorschulkinder sind, brauchen sie Ihre Hilfe beim Lesen der Texte. Schauen Sie sich gemeinsam die Bilder und Übungsbeispiele an. Sie kennen Ihr Kind am besten und fühlen selbst, wie Sie mit ihm umgehen müssen. Lassen Sie sich von uns die notwendigen Anregungen geben. Wählen Sie Übungen aus dem Buch, die für Ihre Bedingungen durchführbar und geeignet sind. Es gibt viele sinnvolle Übungen, die der Wassergewöhnung, Wassersicherheit und Wasservertrautheit dienen. Durch behutsames Heranführen nehmen Sie dem Kind die Scheu. Aus Angsthasen werden kleine Wasserratten.

Die Rolle der Angehörigen während eines Schwimmkurses

Haben Sie sich für einen Schwimmkurs entschieden, dann überlassen Sie dem Schwimmlehrer die Arbeit am Becken. Zurufe der Eltern, wildes Gestikulieren wirken störend und lenken die Kinder nur ab. Die Begleitpersonen sollten nur eingreifen, wenn der Schwimmlehrer das wünscht.

Dennoch ist es vor allem für die Vorschüler ganz wichtig, dass sie begleitet werden. Die Kleinen brauchen noch Hilfe im Umkleideraum und beim Duschen. Und wie wichtig ist auch Lob, Trost und Zuspruch von Mama, Papa, Oma oder einem anderen lieben Menschen. Teilen Sie die Freude über Lernfortschritte und zerstreuen Sie Zweifel am erfolgreichen Abschluss. Alle haben es geschafft!

Was ein Schwimmlehrer für die Kinder haben muss

Ansporn, Lob, Trost und Aufmunterung für jeden.

Fachliches Wissen und organisatorische Fähigkeiten.

Lösungen für ihre Probleme

Ein Herz für Kinder.

Die Fähigkeit, Spaß und Freude am Sport zu vermitteln.

Geschick im Umgang mit Kindern.

Guten Kontakt zu den Eltern.

Kenntnisse über körperliche Besonderheiten und Entwicklungsetappen der Kinder

Lieber Schwimmlehrer!

Wenn wir hier von *dem* Schwimmlehrer sprechen, meinen wir natürlich gleichzeitig auch alle Schwimmlehrerinnen.

Sicher werden Sie uns Recht geben, wenn wir sagen, dass es ein tolles Gefühl ist, die Knirpse mit ihren gespannten Gesichtern und erwartungsvollen Augen vor sich zu sehen. Alle wollen sie das Schwimmen erlernen und die Verantwortung dafür liegt nun in Ihren Händen.

Doch jedes von diesen Kindern ist anders. Da gibt es die Ängstlichen und Mutigen, die Talentierten und nicht so Talentierten, die Frühreifen und die Nachzügler. Jedes Kind ist eine eigene kleine Persönlichkeit mit ganz individuellen Voraussetzungen und eigener Entwicklungsgeschichte, mit Wünschen und Hoffnungen, mit Befindlichkeiten und Nöten. Allen gleichermaßen gilt unsere Aufmerksamkeit, unsere Fürsorge und Liebe.

Je besser sich ein Schwimmlehrer in seine Schwimmanfänger hineinversetzen, mit ihnen mitfühlen, auf sie zugehen und sie begeistern kann, desto größer wird seine Wirkung sein. Er muss die Kinder anspornen und ihnen zuhören, sie verstehen, loben und trösten – eben ein Herz für Kinder haben. Er muss auch mal einen Heißsporn bremsen oder tadeln, aber immer mit Achtung vor der kleinen Persönlichkeit.

Der Bedeutung dieses kleinen Buches

Viele Jahre Erfahrung am Beckenrand mit Schwimmanfängern können durch Bücher nicht ersetzt werden. Keine Zeichnung und kein Foto ist so viel Wert wie die Demonstration durch den Schwimmlehrer. Das Buch kann den Schwimmlehrer nicht ersetzen, aber es soll die Kinder beim Schwimmenlernen begleiten und die Arbeit des Schwimmlehrers unterstützen.

Durch viele Vorübungen mit den Eltern in der Badewanne und im Schwimmbad kann die Scheu vor dem Wasser genommen werden. Die Kinder werden mit dem Wasser vertrauter und verhalten sich sicherer, sodass ein besserer Start in den Schwimmkurs möglich ist und damit die

Arbeit des Schwimmlehrers erleichtert wird. Die Einbeziehung von Eltern, Großeltern und Geschwistern, ohne deren Hilfe, zumindest im Vorschulalter, ein Schwimmkurs nicht zu realisieren ist, wird durch das Buch angeregt. Sie erhalten die Chance, ihre Kleinen aktiv im Lernprozess zu unterstützen.

Während des eigentlichen Schwimmenlernens bietet das Buch den Kindern Möglichkeiten, sich auch außerhalb der Schwimmhalle mit dem Schwimmen zu beschäftigen. Sie können Neuerlerntes nachschauen und erhalten Anregungen für Übungen daheim.

Dieses Buch soll für die Kinder der persönliche Begleiter beim Schwimmenlernen sein. Lassen Sie sie Eintragungen machen, verteilen Sie kleine Hausaufgaben und machen Sie ein Gruppenfoto zum Einkleben. Eine aktive Auseinandersetzung mit dem Schwimmen fördert das Interesse und die Freude an dieser Sportart. Vielleicht sehen Sie Ihre kleinen Schwimmanfänger dann auch bald im Schwimmverein.

Die Technik und Methodik, der zeitliche Ablauf sowie die Übungsfolge liegen selbstverständlich allein in der Verantwortung der Schwimmlehrer. Für kritische Hinweise und Anregungen sind wir jederzeit offen.

Wir wünschen viel Spaß und Freude mit Ihren Schützlingen!

LITERATURHINWEISE

GRAUMANN,D.: Babyschwimmen. Flintbeck 1996.

HAHMANN, H./SCHNEIDER F.: Schwimmenlernen. Schorndorf 1982.

KOMAR, I.: Schwimmtechnik im Kindertraining (Brustschwimmen). Aachen 1996.

KOMAR, I.: Schwimmtechnik im Kindertraining (Rückenschwimmen). Aachen 1996.

LEWIN, G.: Schwimmen kinderleicht. Frankfurt a.M./ Berlin 1994.

LUBER, H.: Der Schwimmsport. Leipzig/Zürich ohne Jahrgang.

RENNER, W./DIETZE, J./MÜLLER, CH.: Schwimmen, Anleitung für den Übungsleiter. Berlin 1988.

STICHERT, K.-H.: Sportschwimmen. Berlin 1970.

WILKE, K.: Anfängerschwimmen. Reinbek 1992.

Bildnachweis:
Titelgestaltung: Birgit Engelen, Stolberg
Zeichnungen: Katrin Barth
Titelfoto: Regina Weitz
Fotos (Innenteil): Katrin Barth, Birgit Küspert, Manfred Sendelbeck, Regina Weitz

Spiele im Wasser

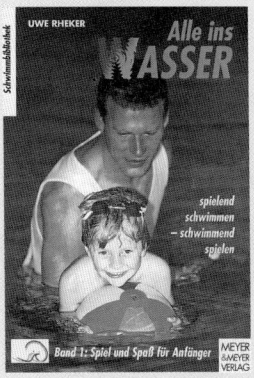

Alle ins Wasser
Band 1
Uwe Rheker
**Spiel & Spaß
für Anfänger**

Das Element Wasser ermöglicht dem Menschen Erfahrungen, die er auf andere Weise nicht gewinnen kann. Über solche Grunderfahrungen und Spiele wird ein integratives Anfänger-konzept vorgestellt, das eine Fülle von neuen Übungsformen anbietet. Dieses Konzept fußt auf der langjährigen Erfahrung des Autors als Leiter unter-schiedlicher Schwimmgruppen (Kleinkinder, Behinderte etc.).

**Englische Ausgabe
in Vorbereitung**

232 Seiten
zahlr. Abb., Tab.
Broschur, 14,8 x 21 cm
ISBN 3-89124-501-7
€ 18,90 / SFr 33,60

Alle ins Wasser
Band 2
Uwe Rheker
**Spiel & Spaß
für Fortgeschrittene**

Das Spielen im Wasser stellt den Menschen einen reichen Schatz an Bewegungserfahrungen zur Verfügung. Nachdem der erste Band neue Methoden des An-fängerschwimmens präsentiert hat, widmet sich dieser zweite Band den vielfältigen Bewe-gungs- und Spielmöglichkeiten im Wasser für alle, die bereits das Schwimmen gelernt haben. Darüber hinaus werden Spielrei-hen zu einer Fülle von Wasser-ballspielen angeboten.

195 Seiten
Fotos u. Abb.
Broschur, 14,8 x 21 cm
ISBN 3-89124-590-4
€ 16,90 / SFr 30,20

MEYER & MEYER Verlag | Von-Coels-Straße 390 | D-52080 Aachen | Fax +49 (0)2 41-9 58 10-10

Schwimmbibliothek

Schwimmbibliothek
Band 1
Iris Komar
Schwimmtraining
für Kinder
Grundlagentraining –
Trainingsprogramme

Diese Reihe gibt Trainern und Lehrern ein Konzept für Übungen an Land und im Wasser an die Hand. Neben der Vermittlung der pädagogischen und methodischen Grundlagen werden in diesem ersten Band Übungs- und Trainingsformen zur Sicherung der optimalen Vorbereitung auf ein Leistungstraining vorgestellt.

120 Seiten
Fotos, Tab.
Broschur, 14,8 x 21 cm
ISBN 3-89124-259-X
€ 12,90 / SFr 23,30

Schwimmbibliothek
Band 2
Iris Komar
Schwimmtraining
für Kinder
Grundlagentraining –
Trainingsprogramme

Ausgehend vom ersten Trainingsjahr (Bd. 1), zeigt Band 2 (2. Jahr) auf fundierter theoretischer Grundlage Wege zur weiteren Qualifizierung in allen vier Schwimmarten sowie der Starts und Wenden im Trainingsprozess auf. Dabei werden zahlreiche Tipps für das Erlernen, Verbessern und Trainieren gegeben.

128 Seiten
Fotos, Tab.
Broschur, 14,8 x 21 cm
ISBN 3-89124-304-9
€ 12,90 / SFr 23,30

MEYER & MEYER Verlag | Von-Coels-Straße 390 | D-52080 Aachen | Fax +49 (0)2 41-9 58 10-10

Schwimmbibliothek

Schwimmbibliothek
Band 3
Iris Komar
Schwimmtraining
für Kinder
Grundlagentraining –
Trainingsprogramme

Dieser Band trägt dazu bei, für leistungsorientierte und schwimmbegeisterte Kinder den richtigen Belastungsmodus zu finden. Sinnvolle Übungs- und Trainingsformen, erarbeitet auf der Basis des weiterentwikkelten Grundlagentrainings des DSSV, werden für ein vollständiges 3. Ausbildungsjahr vorgestellt.

144 Seiten
Fotos, Tab.
Broschur, 14,8 x 21 cm
ISBN 3-89124-305-7
€ 12,90 / SFr 23,30

Schwimmbibliothek
Band 4
Iris Komar
Schwimmtechnik
im Kindertraining
Rückenschwimmen

In dieser Ausgabe werden die Rückentechnik, die tiefe und die neue Rückenrollwende sowie der Rückenstart behandelt. Mit zahlreichen Bildausschnitten und Fotos wird der Bewegungsablauf beschrieben sowie Programme für das Lerntraining mit Tipps und Empfehlungen für die Stabilisierung der Schwimmtechniken angeboten.

104 Seiten
Fotos, Abb. s/w
Broschur, 14,8 x 21 cm
ISBN 3-89124-273-5
€ 12,90) / SFr 23,30

MEYER & MEYER Verlag | Von-Coels-Straße 390 | D-52080 Aachen | Fax +49 (0)2 41-9 58 10-10

Schwimmbibliothek

Schwimmbibliothek
Band 5
Iris Komar

**Schwimmtechnik
im Kindertraining**
Kraulschwimmen

Auf lerntheoretischer Basis und trainingsmethodischer Einordnung werden im Buch die Kraultechnik, der traditionelle Startsprung mit Armschwung, der Greifstart, die tiefe Kraulwende sowie die Lagenwende vom Brustschwimmen zum Kraulschwimmen behandelt.

112 Seiten
60 Fotos, 26 Tab.
Broschur, 14,8 x 21 cm
ISBN 3-89124-326-X
€ 12,90 / SFr 23,30

Schwimmbibliothek
Band 6
Iris Komar

**Schwimmtechnik
im Kindertraining**
Brustschwimmen

Bei einer Vielzahl von „neuen" Brustschwimmtechniken bezieht sich die Autorin in diesem Band auf eine traditionelle Ausbildung und Erarbeitung des Brustschwimmstils. So gibt sie für das Brustschwimmen, den Startsprung und die Wende mit Tauchzug sowie die Lagenwende zahlreiche Hinweise für eine qualifizierte Trainertätigkeit.

110 Seiten
58 Fotos, 25 Tab., 64 Zeichn.
Broschur, 14,8 x 21 cm
ISBN 3-89124-350-2
€ 12,90 / SFr 23,30

MEYER
& MEYER
VERLAG

MEYER & MEYER Verlag | Von-Coels-Straße 390 | D-52080 Aachen | Fax +49 (0)2 41-9 58 10-10

Schwimmbibliothek

Schwimmbibliothek
Band 7
Iris Komar
**Schwimmtechnik
im Kindertraining**
Schmetterlingsschwimmen

Auf fundierter wissenschaftlicher Grundlage behandelt die Autorin die systematische sowie pädagogische Erarbeitung der Technik des Schmetterlingsschwimmens, der Starts und Wenden im Übergang zur Gesamtbewegung und die Lagenwende vom Schmetterlings- zum Rückenschwimmen.
Auch Band 7 enthält wieder zahlreiche Tipps für die Praxis.

105 Seiten
Fotos, Tab., Zeichn.
Broschur, 14,8 x 21 cm
ISBN 3-89124-351-0
€ 12,90 / SFr 23,30

MEYER & MEYER VERLAG

Möchten Sie noch mehr Informationen über unseren Verlag oder zu weiteren Büchern?

Besuchen Sie uns online:
▶ www.meyer-meyer-sports.com

Gerne senden wir Ihnen auch unsere Kataloge zu.

Für Fragen und Bestellungen steht Ihnen unsere **Hotline** zur Verfügung.

▶ **Wählen Sie einfach:**
+ 49 (0)1 80 - 5 10 11 15
(0,12 € pro Minute)

Wir freuen uns
auf Ihren Anruf!

... Die ganze Welt des Sports!

MEYER & MEYER Verlag | Von-Coels-Straße 390 | D-52080 Aachen | Fax +49 (0)2 41 - 9 58 10-10

Ich lerne…
Ich trainiere…